Die
Schritte
aus
dem Traum

Vorwort

Ich habe endlich ein Ende gefunden. Um dort hin zu gelangen, ging ich einen langen, dunklen Weg entlang. Zahllose Male drohte ich mich selbst zu verlieren, weil ein Schmerz und ein tiefer Knoten in mir steckten, von denen ich nicht verstand, was sie eigentlich waren. Ich dachte nicht, dass ich es ertragen könnte. Finsternis lag auf meinem Weg aus mir heraus. Ich sah die Welt und konnte sie nicht mehr fassen. Ein anderes Ende war äußerst nah. Angst lähmte mich und mein ganzes Leben schien keine sehr ausgedehnte Fortsetzung mehr zu haben. Zumindest sah ich keine. Gefangen im Strudel der unbetrügbaren Zeit dachte ich nach. Ich begann zu schreiben was ich fühlte, in der Hoffnung ich könnte mich selber wieder verstehen. Und tatsächlich gab mir das Schreiben ein kleines bisschen Frieden. Die Angst, die man spürt, wenn man sich der endlos tobenden Verzweiflung gegenüber sieht, ist schwer zu beschreiben. Es ist ein Gefühl von Unendlichkeit und verletzlicher Nacktheit. Die Angst davor ist der heiße, giftige Dolch, der langsam dein Innerstes zu spalten versucht, während dein inneres Kind nur noch schreit. Doch in der drohenden Zerstörung konnte ich eines für mich feststellen. Tief in uns ruht ein Kern. Ein unumstößliches Denkmal der Menschlichkeit ist er, der dir stets zeigen kann was es bedeutet zu Leben und der dir sagen kann wer du bist, wenn du drohst es zu vergessen. Und wenn jeder Sturm gezogen, jeder dunkle Schatten gehuscht und jede Träne vergossen ist, dann kannst du endlich wieder klar sehen. Es reicht Mensch zu sein. Das ist es was uns unseren Wert verleiht. Eines Beweises bedarf es nicht, denn egal was passiert, du wirst stets und für

alle Zeiten genug sein.

Sonett der Zeit

Gestirne wechseln stets im schönen Reigen
dem ewig jagen Jahreszeiten fort
es ist unsterblich das unmenschlich Wort
soll über lichte Klänge breitend Schweigen

Und ohne Rast sie wandert ewig weiter
und jedes Augenlicht muss ihr vergehen
in Zeiten Feuers Seele schwer bestehen
nur Zeit besteht noch fort so ständig heiter

Die Zeiger zählend sicher mir den Sand
sie füllen ewig weit den letzten Strand
und nimmer wird er vor uns nach uns enden

Und auch wenn alle Existenz verbrennt
die Zeit noch immer ihre Kreise rennt
und Leben doch dem Tode sich muss wenden

Doch Fortschritts Zeit enthält die milde Gabe
die Zeit dir lässt der Weisheit tiefen Narbe

Schritt 1
Licht sehen in dunklen Zeiten

Mein Sinn

Mein Werk in deinen Händen soll nun zeigen,
welch träumend Blüten dir mein Stuss kann treiben.
Ich hoff du schenkst mir nun ein wenig Zeit
und bist für schamlos Reimerei bereit.
Ich weiß nicht, ob dies ist noch etwas Wert,
in diesem alt Metier vielleicht verkehrt.
Verzeih mir also doch ich kann's nicht lassen,
komm nicht umhin den Tag in Wort zu fassen.
Ja eigentlich noch viel zu jung an Jahren,
als könnt ich jemandem was raten, sagen.
Doch Leben konnte mich schon lernen lassen,
auch wenn es gegen ält're muss verblassen.
Doch einen Trick konnt ich gewinnen,
den puren Lebenszweifeln zu entrinnen.
Nun, wie du füllst dir deinen eignen Sinn,
so stets wenn Leben leert, ein neu Gewinn.
Im Dunkeln Licht zu sehen, wie gesagt,
den Schatten so in weite Fern vertagt.
Schenk keinen Glauben Dinges säuselnd flüstern.
So schnauf und beb dagegen deine Nüstern.
Sei Mensch, der unser Leben anerkennt,
im Schatten jeder Täuschung nicht nur rennt.
Sei Mensch, der Leben noch zu schätzen weiß,
es Tag für Tag begeht mit rechtem Fleiß.
In diesem Sinn das Leben sich gestalten,
auch manchmal nur vorhandenes verwalten.

Vergiss nur nicht, auch weiter dann zu gehen,
sonst bleibst du plötzlich noch für immer stehen.
Die meine Arbeit soll hier nun versuchen,
du aufhörst stets dein Leben zu verfluchen.
Ich weiß ein Tag ist manchmal stetig Krisen,
und Leben scheint ganz häufig in den Miesen.
Und jetzt will ich es unverschämt mir wagen,
ganz ohne Euphemismus dir zu sagen:
„Wer einen Augenblick noch stehen bleibt,
hat bess'ren Überblick über die Zeit.
Die Zeit die uns in dieser Welt gegeben.
Zu nutzen um nach höchstem stets zu streben."
Das ist, was dich im einzeln selbst angeht,
es folgt, wer dann an deiner Seite steht.

Allein kannst du die Wege nicht bestreiten,
ein jemand muss dich stärken und begleiten.
Wenn jemand da, der macht dich täglich groß,
dann lass ihn besser niemals wieder los.
Und annäh'rnd ist nichts ihrer Wirkung gleich,
in dunklen Tagen doch der hellste Streich.
Was jetzt noch fehlt? Ein Hoch auf alles Leben!
Und all die Dinge, die es dir kann geben.
Man muss nur jene Dinge gut beachten,
die nach dem besten mit dir wollen trachten.
Die Achtung vor der letzten Menschlichkeit.
Zu jeder Zeit gewiss Besonnenheit.
Lass die Vernunft dir deinen Geist verwalten
und Hybris stets dein pochend Herz gestalten.
So kannst dein Leben du im Einklang führen.
von Vorteil, Einheit mit sich selbst zu spüren.
So denk ich, was dies hier erreichen soll,

erfordert einen altruistisch Zoll,
doch kann es dieses durchaus sich erschaffen.
Wenn nicht? Dann hast du was für dich zu lachen.
Mein Sinn, er sollt in diese Seiten fließen.
Ich hoff, das Wort ist manchmal zu genießen.

Was es bedeutet zu schreiben

Dann seine Seele klangvoll nieder hier zu schreiben
und Mut zu haben es der Welt so ganz zu zeigen.

Im Inhalt eine Vielzahl voll von Emotionen,
all jene die so laut in uns'ren Herzen wohnen.

Hier musst du grausam ehrlich zu dir selber sein,
blickst selber hinter dein gespiegelt Sonnenschein.

Und währenddessen häufig Furcht sich dir gesellt,
ist es nur wichtig, dass man sich ihr mutig stellt.

Wer dies vermag, der kann auch offen alles schreiben,
und niederlegen zahllos Wörter, schönen Reigen.

So lass dein Herz ganz einfach ungezügelt wüten,
und deine Feder wird dann dein Geheimnis hüten,

sie wird dann endlich niederlegen auf Papier,
und trägst sie weiter dort in mutiger Manier.

Das Schreiben ist die Reinigung der schweren Seele,
auf dass sich in der Zukunft das Papier dann quäle.

Anima
Voll Licht und Schatten

Auf der Suche nach der göttlichen Seele durchstreift mein Herz den Wald der Welt. Steigt hinauf zu jedem Gipfel und taucht zum tiefen Grund der See. Suchend nach Unendlichkeit ist rastlos mein Tun. Das Innerste brodelt in mir. Vernehme den Schrei nach Freiheit. Will hinaus, das Leben spüren. Bis zum Ende ist der Weg noch weit, auf der Suche nach Unendlichkeit. So springe ich über den Rand, suche nach dem Teil, der noch gänzlich unbekannt. Ich spüre das Feuer wieder in mir lodern. Nach langem Zweifel auf sparsamer Flamme. Auf der Suche nach meinem Vers, suche ich nun wieder bei mir. Kann das Ziel noch nicht sehen, doch will ich dort das Leben verstehen. Zulange stehen wir schon auf dieser Stufe, um tobenden Sturm ich rufe. Neues Chaos braucht das Land, neuen inneren Brand. Aus grauer Asche, wird strahlender Phönix entstehen. Wir werden schließlich eine neue Welt erleben.

Am Anfang war das Licht, tanzend in meinem Blick. Mit dem ersten Licht kommt erste Erkenntnis. Es zu sehen ist die schwerste aller Taten, freiwillig wird es sich nicht verraten. Heute, morgen oder nie, lerne zu fallen auf die Knie. Dann wird es sich vielleicht erkenntlich zeigen. Neues Wissen gespielt auf Himmelsgeigen. Du wirst es nie mehr vergessen, ob beim Schlafen, Lieben oder Essen. Auf ewig hallend in deinem Ohr, nun geh und mach es andern vor!

Mein zweiter Tag in hellem Schein. Er konnte nicht schöner sein. Die dritte Zeit des Jahres ist in vollem Gang, die Luft erfüllt vom rascheln des Windes in bunten Blättern, Klang. Engelstrompeten blasen den Wind und ich entschließe mich raus zu gehen. Wohin? Zum Leben! Jeder Schritt ein Atemzug, kriege von Luft nicht mehr genug. Lege Worte nieder vom neuen Leben, will an dich sie weitergeben. Gehe nun in den Wald der Welt, mutige lange Schritte die mich führen, will nackte Ehrlichkeit des Seins auf meinem Körper spüren. So schöpfe ich neuen Sinn, erst der zweite Tag meines neuen Lebens und soviel darin.

Der Fluss der Zeit zog weiter durchs Land, mein neues Leben genieße ich wie einen ewigen Tag am Strand. Nach vielen Tagen des hellen, aufrechten Lebens konnte ich aufregende Erfahrungen sammeln, es wurde stolzes Schreien aus wimmerndem Stammeln. Einen neuen Menschen konnte ich im neuen Leben sehen, konnte aufhören beim Schicksal um Gnade zu flehen. Ich selbst schreibe nun wieder meinen zeitlosen Vers auf des Lebens Papier, stehe meine Menschlichkeit in drangvoller Manier. Der Lauf der Welt hat mir gezeigt, dass nur der zum Leben ist bereit, der das Vorwärtsgehen nicht scheut und nimmer seine Fehler bereut. Denn ihre Summe ergibt den Mensch, der aus uns werden soll, so sollten wir bezahlen jedes Fehlers Zoll. Die Dunkelheit einer wirren Verzweiflung drohte meine Existenz zu schlucken, drohte meine Seele mit purer Angst zu bedrucken. Eine Angst die niemals mehr gegangen wär, ein unlöschbarer Druck der lastet so unendlich schwer. Jede Entscheidung zeigt welch Mut in unseren Herzen steckt. Niemals lassen wir es zu, dass eine angsterfüllte, unsere Seele verdreckt. Qualen litt mein erschüttert Herz, musste erkennen, welcher Art ist dieser unbekannte Schmerz. Das neue Heil meiner lichten Existenz, ist der tosende Sprung mit wuchtiger Eminenz. Ein tiefes Luftholen skizziert den kurzen Moment, der meinen Entscheidungen als einziges noch voraus hin rennt. Ich habe es letztlich geschafft meiner Seele Freiheit zu schenken, sie endlich wieder in angstfreie Bahnen zu lenken. Zugeschnürt war sie und mein Leben aufs tiefste gehemmt, so nahm ich einen tiefen Zug und baute mich auf vor meiner Furcht, so habe ich schließlich ihre stählernen Ketten gesprengt. Meine Zukunft ist strahlend und unbekannt und vor allem ist sie wieder mein, ich akzeptiere meine Zweifel und Fehler, so wusch ich meine Seele wieder rein. Licht scheint auf ihr nun wieder aller Tage, auf dass die Dunkelheit versucht sie zu besudeln, es nimmer mehr wage.

Das letzte Gefecht

Ein tobend Wetter schüttelt heftigst,
die Grundfeste der künstlich Existenz.
Und es wird schließlich Wirkung zeigen.
In welche Richtung unser aller Leben schlägt,
das liegt in uns und unsrer Fähigkeit,
Vernunft zu walten.
Doch leider ist der Mensch ein Mensch,
sein Egoismus wird gebieten,
selbst der nächste sich und einzig dann zu sein.
Sind Götzendiener.
Solch falsche Götter blenden uns.
Ein roter Faden, der von heute, über Fuße eines Berges,
hin zum Anfang unsrer Menschheit führt.
Wir sind gefangen,
ja so gänzlich starr!
Was ist es, dass uns unsere Freiheit nimmt?
Na alles was wir selbst geschaffen haben!
Unser Problem ist Wertung.
Zu allen Dingen einen Wert wir wollen sprechen.
Und wir woll'n Dinge dieser Art so sehr besitzen.
So haben wir verlernt das Lebensglück
aus uns'rem Selbstwert uns zu ziehen.
Wir brauchen Außendarstellung.
Auf welchen Pfad es führte uns?

Ich und du?

Wo wir teilen uns in Dasein und auch Leben,
einer, nach dem höchstem Ruhm will streben,
er bedenkt nicht das „Warum?", ja nur das „Wie?".
Ja, wie meinen großen Vorteil ich dann zieh?
Für des Lebens bodenständig Will,
alles tut er, prüde oder schrill,
Und der Linie Trennung unsres Sein,
wo dann spiegelt, sich der gegenwärt'ge Schein,
es ist der, der fragt warum!?
Nicht als Antwort akzeptiert: Darum!
Denke an ein Datum, weiter in der Ferne,
denken, was und wie, mag ich nicht gerne.
Bruder, und nicht ich wird sterben,
fürcht den Tag, an dem die Angst wird Wahrheit erben.

Krankhafte Wurzeln

Kriegstreiber sollt man euch nennen,
tun es nicht, doch wir euch kennen.

Reichtum, wollt ihn halten, mehren,
lasst uns dafür Jordan queren.

Ethik und Moral am Boden,
sagt und sicher ists gelogen.

Achtet nicht des Menschen Gut,
brennet fort in blinder Wut.

Kompass ist Vernunft des Wegs,
für euch doch immer anders gehts.

Der Krieg

Auf schneidend Schwingen tosend kommt geritten,
wird schnell und grausam dich zum Tanze bitten.

Sein Schatten überzieht das weite Land,
von seinen Schrecken jeder ist gebannt.

Seit allen Menschentagen, seit wir denken,
da sollte Krieg der Welt Geschicke lenken.

So scheint er unsres Wesens Teil zu sein,
ganz selbstverständlich, wenn auch nur recht klein,

in seiner stürmend Wirkung doch so groß,
ist seine Anziehung enorm Famos.

Ein Kampf die selbsterfüllend Prophezeiung
und dennoch in der Menge, endlos Reihung.

Und außer Leid, was hat der Krieg gebracht?
Ist er der einzige der immer lacht.

So sollte er ganz ausgerottet werden
und wir, auf schonend Weise, später sterben.

Nach seinem Gegenteile sollten streben,
in Zukunft, achten, schützen unser Leben.

Der Frieden

Wie ein zarter Hauch von Frühlingswind,
kommt er, geht er wieder so geschwind.

Furchtbar brechend wie ein Schmetterling,
Flügel sanft von ruhigen Tagen sing.

Bote, der dir gute Nachricht bringt,
kommt, mein Herz vor Freude klingend singt.

Doch ists schwer ihn lange sich zu locken,
ist von unsrer Welt zu sehr erschrocken.

Herstellung das oberste Gebot,
Freiheit vieler von der drückend Not.

Ist ein stiller Himmel auf der Erde,
hoffend, dass ich ihn erleben werde.

Zu genießen ihn wie süßen Wein,
alles hellend wie der Lichtenschein.

Ganz in Pracht wirst du ihn nicht erblicken.
Eher am Olivenzweig ersticken.

Ein Ausblick in kommende Tage

In Ewigkeit mit Blut gezeichnet,
ein Bild, dem Tod zu Ruhm gereichet.

Wie können rechte Richtung wählen,
wenn wir uns dafür müssen quälen.

Nehmen in kaufe zu verlieren,
die Zeit, sie wird es uns quittieren.

Moral die letzte heil Bastion,
doch ihre Zahl sinkt lange schon.

Das beste muss wohl hinten liegen,
dass Menschlichkeit kann nimmer siegen.

Die Zukunft wird ein blutig Tag.
Das Licht in dunklen Neidern Sarg.

Lässt uns zurück an diesem Ort,
straft uns für allerschlimmsten Mord.

Die Zukunft birgt so heiße Tränen,
wir sollten uns nicht hoffend wähnen...

Und doch! ich stemm mit Macht dagegen,
schon heut den Feind für morgen legen.

Zum letzten Tage kämpfend stehn,
den Schatten wieder gehen sehn.

Lasst Licht erstrahlen in den Lettern,
das Untergehen noch zerschmettern.

Menschenrechte

Lange dachte ich nach wie ich dies beginne und wie der Inhalt aussehen könnte. Letztlich kam ich zu dem Schluss, dass ich einfach mit dem ersten Gedanken beginne, den ich zu diesem Thema hatte. Mein erster Gedanke war, dass ich eigentlich nichts genaues über Menschenrechte weiß. Ich besorgte mir ein Buch zum Thema und füllte die Lücken meiner Unwissenheiten. Die Schlüsse die ich zog, waren zunächst nur fragmentale Gedanken die sich aber mit der Zeit zu einem Gesamtkonstrukt zusammenschlossen. Während ich versuchte meine Gedanken zu ordnen, wurde mir das Eine bewusst. Im Grunde genommen interessiert sich so gut wie niemand für das Thema Menschenrechte. Die Menschen in den sogenannten „entwickelten" Industrieländern scheren sich einen Dreck um das Leid anderer in ärmeren Ländern. Irgendwie war ich zwischendurch einfach nur noch verärgert. Wir sitzen am Abend faul auf dem gemütlichen Sofa und unsere größte Sorge gilt dem Abendprogramm, während andere in einer Blechhütte hausen und sich überlegen wie sie am nächsten Tag etwas essbares bekommen könnten. Während andere Hunger leidend versuchen Ruhe zu finden, schauen wir talentlosen Versagern im TV zu wie sie in einem fingierten Dschungel belanglosen Müll verbalisieren, während wir die zweite Tüte Knabberkram aufreißen. „Wieso ist das so?", fragte ich mich. Sind wir heute schon so abgestumpft und blind vor Sorglosigkeit, dass uns das Leiden einer Vielzahl von Menschen nicht einmal mehr im entferntesten tangiert? Wir geben uns dem narzisstischen Irrglauben hin, dass sich jeder selbst der nächste ist und machen andere Menschen für ihr Leid selbst verantwortlich, um so effektiv die Augen vor der Realität zu verschließen. Nun könnte man sagen, dass sich doch die Politik darum kümmern sollte. Immerhin haben wir unseren gewählten Volksvertretern ja die Entscheidungsgewalt übertragen. Und obwohl es so viele historisch, angeblich bedeutungsvolle, Konventionen und Erklärungen gibt, wirkt alle politische Bemühung eher wie billige Makulatur. Wir haben schon lange aufgehört empfindsame Individuen zu sein. Längst sind wir zu einem selbstgefälligen Konsummonster verschmolzen. Ohne jegliche Schuldgefühle kaufen wir günstige Kleidung und schmücken uns so mit dem Blute, Schweiß und den Tränen ausgebeuteter Menschen die den Begriff „bezahlter Urlaub" nicht einmal kennen. Zu Zeiten der Aufklärung war die Menschheit auf dem Weg in eine humane Zukunft. Doch diese aufkeimende Flamme wurde jäh von Habgier und Neid erstickt. Das Streben nach mehr als wir brauchen hat uns krank gemacht. Und dennoch ist genau diese kranke Einstellung die Triebfeder der heute alles bestimmenden Instanz, dem Wirtschaftssektor. Wie eine üble Droge hat sie die ganze Menschheit abhängig gemacht. Die unveräußerliche Würde des Menschen? Von wegen! Längst haben wir alles an Würde, die wir irgendwann einmal besessen haben, eingetauscht gegen teure Autos, Kleidung und überflüssige Mengen an Genussmitteln. Wir haben unsere Seele an den Teufel verkauft ohne dass wir es überhaupt mitgekriegt haben. Das Blut unschuldiger Menschen klebt an unseren Händen, weil wir einfach wegschauen. Wir sind geradezu faustianische Aasgeier die sich im Bewusstsein ihrer Endlichkeit den modernen

Götzenbildern unterwerfen, um zügellos brandschatzend die Kostbarkeit unseres Lebens zu verspielen. Erst wenn sich das Leben dem Ende neigt schauen wir zurück und erkennen wie einfältig wir gewesen sind, Wahnsinn gegen Vernunft einzutauschen. Bettelnd um Vergebung und eine zweite Chance scheiden wir dahin, ohne der Menschheit einen sinnvollen Dienst erwiesen zu haben. Goethe hatte die künstlerische Freiheit Faust ein Happy End zu gewähren, doch wir werden nicht am Ende von einer Schar von Engeln davongetragen, in einem Regen aus Rosenblättern. Wer soll uns die Absolution erteilen? Lange rühmte sich die Kirche dieser Möglichkeit. Aber wie kann uns eine veraltete Institution die ersehnte Vergebung schenken, welche immer noch dem Irrglauben der moralischen Unfehlbarkeit erlegen ist. Eine Institution, die Mord und Grausamkeit im Namen einer körperlosen Omnipräsenz beging. Eine Institution, die Glaubenslehrer unterhält, die eher durch sexuelle Missbräuche auffallen, als durch Redlichkeit oder Bescheidenheit. Wie Karl Marx es einst sagte: „Opium fürs Volk". Alles was uns von Realität und Eigenverantwortung abhält kann als Droge verstanden werden. Wir sind wie Max und Moritz, ein Leben lang stehlen wir Hähnchen, doch früher oder später knüpft man uns für diese Frechheit auf.

Wo führt uns das nun hin?

Die Politik ist ein monumentales Schattentheater welches surreal vor unseren Augen tanzt. Wie in Platons Höhlengleichnis fristen wir in Ketten gelegt unser Dasein, ohne jemals die Wahrheit zu erfahren. Wer es schafft sich von den Ketten zu lösen kann, laut Platon, ins Licht gehen. Erst schmerzt es, doch dann sehen wir was wirklich ist. Auf die heutige Realität bezogen überwiegt wohl der Schmerz. Nur wenige kennen heute die ganze Wahrheit und sie werden kaum zulassen, dass viele andere sie erkennen. Wer heute ins Licht tritt, verbrennt, bevor er die Wirklichkeit in ihrer Gänze erkennen darf.

Die Kirche kann uns heute auch nicht mehr sagen wie wir uns verhalten sollen und dazu fehlt ihr wohl auch der Einfluss.

Die einzigen die heutzutage wirklich etwas ändern können, sind die Großen der Weltwirtschaft. So banal und abgedroschen es an dieser Stelle auch klingen mag, aber: "Geld regiert die Welt". Ein Großteil der Menschenrechtsverletzungen, durch Krieg oder auch politische Unruhen, kann man letzten Endes auf dieselbe Wurzel zurückführen. Wirtschaftliche Interessen oder Defizite. Ein Volk begehrt nicht gegen die Regierung auf wenn es in Wohlstand lebt. Gesunde Handelsbeziehungen werden durch Kriege nicht gefährdet. Menschenrechte werden verletzt, weil die Falschen am längeren Hebel sitzen. Natürlich gibt es auch religiöse Hintergründe, wie bei den Genitalverstümmelungen bei jungen Mädchen oder Rassismus. Doch wer nur auf die Größe seines eigenen Besitzes fixiert ist kann schlecht das Mitgefühl aufbringen, um sich für eine Änderung der vorherrschenden Verhältnisse stark zu machen. Die lautesten Stimmen, die, die jedermann hören könnte, schweigen. Die ganze Welt zerreißt an kleinlichen Konflikten. Wir messen uns nur an den Unterschieden, anstatt die Gemeinsamkeiten zu sehen. Am Ende sind wir alle Menschen. Doch für dieses Bewusstsein ist kein Platz. Dabei sind die Dinge die uns vom Menschsein abhalten geradezu lächerlich. Wirtschaft, Geld und Finanzmärkte sind völlig fiktive Konstrukte die keine eigene Daseinsberechtigung enthalten. Wie Gott, werden diese Dinge nur durch unsere Anerkennung real. Im Grunde genommen sind sie also völlig vom Menschen abhängig. Davon ausgehend ist es der grausamste Scherz der Welt, dass wir von Dingen, die ohne uns gar nicht existieren würden, völlig versklavt wurden. Als hätten wir unsere Eigenständigkeit an den Osterhasen verschenkt. Wenn also ein Konzern in armen Ländern Kinder für die Produktion einsetzt, kann eine Konvention im Grunde genommen auch nichts ändern. Die Abhängigkeit in die wir uns über mehrere Jahrhunderte hinweg begeben haben hindert uns daran rechtschaffen zu sein. Die Idee einer Utopie die schon von vielen Philosophen geschaffen wurde ist in diesem Zusammenhang fast schon ein tröstender Gedanke. Warum können wir nicht in einer perfekten Welt leben in der es keiner Erklärung der Menschenrechte bedarf. Alles wäre so leicht wenn wir Zahnräder in einer perfekt laufenden Maschine wären. Niemand arbeitet um sich zu bereichern. Arbeit ist ein Dienst für die Gemeinschaft. Alle Leben nach den gleichen Regeln und sind gleichgestellt. Geld gibt es nicht, denn ohne Geld ist niemand arm oder reich.

Menschenrechte. Das Recht ein Mensch zu sein. Jeder fordert das ihm zustehende Recht ein, als Mensch behandelt zu werden, selbst die, die es anderen verwehren. Letztlich denke ich, dass das alles zu paradox zu sein scheint. Niemand kann das exklusive Recht auf die einzige Wahrheit für sich beanspruchen, deswegen können wir auch nicht alle demselben Pfad folgen und so eine globale Gemeinschaft werden. Lieber werkeln wir weiter am Kartenhaus, das sich internationale Gemeinschaft schimpft, ohne wirklich eine zu sein. Irgendwann, vielleicht schon in naher Zukunft, pustet einer der Wölfe zu heftig und das wackelige Konstrukt stürzt ein. Vielleicht muss ja erst die ganze Welt in Anarchie versinken damit die Menschen erkennen, wie gleich alle sind, im Angesicht des absoluten Chaos. Es ist jedoch zu hoffen, dass es soweit nicht kommen muss, damit die Menschen lernen, gegenseitig Achtung voreinander zu haben.

An dieser Stelle fasziniert es mich doch enorm, zu welch famosen Spinnereien dies Thema mich gebracht hat. Doch so sehr ich hier versucht habe meine Gedanken zu ordnen und eine Erklärung für mich selbst zu finden, bleibt die für mich wichtigste Frage, deren Inhalt mich am meisten ärgert, dennoch ohne Antwort. Warum sehen wir es nicht? Sind wir wirklich so von Neid und Missgunst zerfressen? Auge um Auge ließe die ganze Welt erblinden? Vielleicht ist dies ja schon längst geschehen.

Sternenlicht

Auf Sternenlicht voran
zum Ende alter Zeit, liegt Schicksal unsres Lebens.
Den neuen Tag
so fern der alten Welt begrüßen.
Nun akzeptiere doch das Neue!
Wir sind von neu Verständnis dort getragen.
Das Sternenlicht
zeigt uns den Weg.
Des Geistes neue Schaffenskraft
nimmt uns mit fort in neue Zeit.
Ich reise in dir, Sternenlicht,
auf Suche nach der Ewigkeit.
Ich wende meinen Blick gen Himmel
sehe vor mir
die unendlich Dunkelheit,
doch Sternenlicht zeigt mir, das Licht im dunkeln keimt.
Bei alter Seele, junger Geist,
ewig durch das Universum reist,
seh ich das Morgen.
Ich such das eine Sandkorn dort im Fluss der Zeit,
dass hält die Antwort mir für dieses und das nächste
Leben dann bereit.
Ich würde alles dafür geben.

Die Sonne

Der Sonne letzte Lebensgeister wärmen mich,
der Erde Lebensquell, so langsam senkt sie sich.

In Purpurrot sie fällt hinab wie blutg'er Himmel,
das Dunkelblau dann wie des Brotes derber Schimmel,

sie lässt mich jauchzen und frohlocken jeden Tag,
der Augenblick wenn sie dann geht ich nicht sehr mag,

Moment voll Schönheit in gewalt'ger Explosion,
so schön wie Traumes unnachahmlich Illusion.

Doch trotzdem Helios gehst du gnadlos nun hier fort,
verlässt du diesen schließlich ärmlich wirkend Ort.

Ich weiß auch, dass sie bald dann strahlend wieder
kommt,
und endlich sie mein Herz von neuem glühend sonnt.

Ein Untergang jagt den Nächsten

Sitzend im grünen Gras schau ich zum Horizont,
ein neues Schauspiel dort, mal langsam und mal prompt.

Es ist ein Untergang, der Leben ganz bestimmt,
der zeigt, wie uns die Zeit am Himmel doch verglimmt.

Und doch es steckt in seiner gnadlos Konsequenz,
die Schönheit, Sinn, des ewig Lebens pur Essenz.

In endlos Farben wird er immer präsentiert,
und viele schon der Sonne Lauf so zelebriert.

Ganz Göttergleich thront sie am kalten, blanken Himmel,
vergeht trotzdem, wie Bauer in des Himmels Schimmel.

Und wenn sie geht, dann geht auch alle erden Wärme,
macht Platz am finstren Himmel für die kalten Sterne.

Bevor sie jedoch geht entfacht sie uns ein Feuer,
wär es auf Erden, wär der Preis für uns zu teuer.

Am hohen Himmel kann es uns zum Glück nicht
schaden,
er kann den endlos Brand in alle Zeit ertragen.

Aus sichrer Fern zu ihm hinauf wir können schauen,
den Untergang ganz zu betrachten uns auch trauen.

Erst Feuerrot dann Violett wird's wechselnd werden,
und später dunkelblau, dann ewig schwarz im Sterben.

Die Explosion hoch im Zenit der Ewigkeit,
bin für perfektesten Moment nun stets bereit.

Und nehme mir auch mit die letzten glühend Strahlen,
schon Morgen wird die Sonne wieder machtvoll prahlen.

Der Mond

Das wertvollst Schmuckstück unsrer Welt es steht am
Himmel, nicht auf Erden,
und weder wird es springen, noch es wird verloren oder
sterben.

Der strahlend Diamant an unsrem weiten alten
Firmament,
die tiefste Anziehung die mich schon lange vor mir
deutlich kennt.

So oft er schon besungen ward, ganz reich in Wort, in
Bild, in Ton,
und keine Darstellung wird ihm gerecht, ist alles ja nur
Hohn.

Und dennoch reihe ich mich leider bei den Spöttern
schamlos ein,
ich muss es einfach tun, zwingt mich verführend jener
Mondenschein.

Schenkt er ganz selbstlos unsrer finstren Nacht doch eitel
silbern Glanz,
die alte Furcht davor gemildert, wenn des Nachts auch
nicht so ganz.

Ach nichts auf dieser Welt, es gibt so grenzenlos
Inspiration,
sein mystisch Schein beseelt dich, treibt dir deine
Imagination.

Er ist das alte Heiligtum einer modernen, schnellen Welt,
er mahnt uns stets zur Ruh, dort steh'nd, in seinem
schützend Sternenzelt.

Der langen dunklen Nacht ein stiller und doch treu
beherzt Begleiter,
geh ich bei Nacht denn meines Weges, stimmt er mich so
stetig heiter.

Er lässt mich daran glauben, dass die Welt noch nicht
verloren ist,
sei sie an manchen kalten Tagen noch so traurig, grau und
trist.

Ich muss euch alle bitten, die ihn lieben auch so sehr wie
ich,
ich musste dieses schreiben hier, verurteilet mich dafür
nicht.

Schöne Nacht

Dort unterm endlos Sternenzelt ich leise steh,
voll Glück, dass auf der weiten Welt ich lauthals geh.

Kann mich ganz nicht so wehren gegen dies Gefühl,
die schöne Nacht, so einsam sanft und gar leicht kühl,

ein Netz umfängt aus Sternen diese zarte Erde,
ich werd die alten Fischer lieben bis ich sterbe.

Von vollem Mond, sie werden wieder heut begleitet,
ein endlos Traumpaar, dass sich scheinbar niemals streitet.

Jetzt lieg ich hier ganz unbedarft im weichen Gras,
die leise Ruh der Nacht, das weit gesündest Maß,

Und im Konzert der Dunkelheit lass ich mich treiben,
lass tausend schönst Gedanken in mir kreisen.

Wenn Nachts du lange schläfst, so einiges versäumst,
ist doch nichts besser, wie wenn du im Wachen träumst.

Der Mond und das Meer

Im Schein des vollen Mondes schaue ich aufs Meer
die Reflektion, sie spielt auf Wassern, freut mich sehr

In stiller Trance mein einsam Herz ist stumm gefangen
der leisen Töne streichelnd Wind, ein Lied mir sangen

Ach könnt ich diesen Anblick doch nur mit dir teilen
mit einer mir vertraut Person hier ewig weilen

In stiller Hoffnung, sitzend hier im kühlen Sand
das mir nur einen kleinen Wunsch erfüllt der Strand

Nur du und ich und der unendlich helle Mond,
mit dir, mein Herz auf einem Gipfel mutig thront

So voll von Zuversicht ich blicke in die See
hier komm ich her, ob Wind, ob Regen oder Schnee

Flieg hoch, weit fort ins Land, mein schmachtend süßer
Traum,
vom Wind getragen, wie des Meeres weißer Schaum

Ich suche mir mein Gegenüber in der Welt
mit ihm zu schau'n, am Meer, den Mond, der Sterne Zelt.

Die Ambivalenz des Daseins

Alles ist Licht und Schatten. Wandeln wir nur lange genug im Licht, werden wir früher oder später einen Schatten finden und umgekehrt ist es ebenso. Stets stellte ich mir die Frage warum ich nicht alles Gute auf einmal sein kann. Ehrgeizig und verträumt, vernünftig und völlig irrational. Ein kühner Meister aller Klassen mit dem Ehrgeiz und der Befähigung alles zu bewältigen, was diese Welt an Herausforderungen bietet. Doch gleichermaßen ein Gipfel der Mäßigung, der perfekte harmonische Einklang mit allem was um einen herum existiert. König der Könige und Samariter unter den Heiligen. Während ich darüber nachdachte warum ich all dies nicht sein kann kam mir eine weitere Frage. Warum will ich das sein?! Drang nach Perfektion? Verlangen nach Anerkennung? Gier nach schnödem weltlichen Prunk? Macht? Ausgleich eigener Unzulänglichkeiten? Purer Selbsthass? Der tiefe Wunsch die unveränderlichen Gesetze der Existenz zu verändern, um so das Leid der Welt zu beenden? Nichts davon sollte es sein. Dann kann man dieser Mensch sein. Doch ist es alles! Unsere Fehler setzen uns unter Druck. Unsere vermeintlichen Benachteiligungen verspotten uns, lange bevor andere es tun. Wir zerbrechen, wenn wir uns nicht abfinden und öffnen dem Wahnsinn Tür und Tor. Wie um alles in der Welt komme ich nur dorthin. Ein besserer Mensch der mit den Gegensätzen des Lebens koexistieren kann. Nachsicht mit sich selbst müsste man wohl haben. Die Last gewünschter Perfektion, die man von sich selbst einfordert, von den Schultern nehmen. Wie zum Teufel soll ich auch laufen, wenn ich mich selbst zu Boden drücke.

Kannst du loslassen? Das ist die entscheidende Frage. Macht man sich frei von Zweifeln und dem bohrenden Drang, Erwartungen zu erfüllen, man könnte frei sein, frei atmen. Die erste Herausforderung ist also, frei zu leben. Wenn man von gesellschaftlichem Druck geprägt ist, kann man sich nur schwer dafür entscheiden man selbst zu sein. Ich kann nicht dieser perfekte ambivalente Mensch sein, weil man sich nicht selbst dafür entscheiden kann. Also wähle! Wähle die Selbstbestimmung und bestimme, wer und wie du sein willst. Haben wir uns frei gemacht, kommt ein nächster Schritt. Eigentlich der wichtigste überhaupt. Lerne zu sein, wer und was du sein willst. Vieles liegt schon im Grunde unseres Wesens verankert. Doch wessen Seele in Sanftmut verankert ist, kann keine animalischen Kräfte entfalten. Wer Genügsamkeit sein Wesen nennt, kennt den Ehrgeiz nicht. Wir müssen lernen, dass zu tun, was uns im tiefsten Innern widerstrebt um mehr Vollkommenheit zu erlangen. Sei doch an jener Stelle einmal eingeworfen, dass hier stets vom gesunden Maße die Rede ist. Bei allem Drang neues zu lernen, sollte doch Moral gegenüber dem Humanismus der oberste Lehrer sein. Nun wo dies gesagt, ein Zwischenresume. Befreie dich aus den Zwängen, die dich verfälschen. Und lerne anschließend all das zu sein, was du schon immer sein wolltest. Warst du nun strebsam dir neue Fertigkeiten anzueignen? Wenn ja; dann folgt nun noch ein letzter Schritt. Wende es an! Nur lernen zu sein reicht nicht. Sei auch! Wir müssen uns von uns selbst lösen und neues anwenden, um jemand neues zu sein. Nur dann können wir der Ambivalenz des Daseins gerecht werden und uns selbst in den Gegensatz verkehren. So können wir Perfektion erlangen! Ich weiß warum und auch wie. Doch bin ich es nicht. Hast du es geschafft? Sei nicht verwundert, wenn nicht. Sein eigener Gegensatz zu sein, käme der Verdunklung der Seele gleich, bis sie nur noch ein Schatten ist. Wir wären nur krank und innerlich so unendlich leer. Der Gegensatz der man manchmal sein möchte, ist doch nur das, was unser eigenes Wesen noch stärker macht. Unser inneres Selbst schließt den Gegensatz aus damit wir unsere Mitte nicht verlieren. Wir können nicht auf zwei Seiten gleichzeitig stehen. Jemand anders wird dies für uns übernehmen. So gleicht das Leben sich letztlich selbst aus. Und auch wenn wir in diesem Fall nicht perfekt sind, so ist es doch die Welt die uns umgibt.

Nun endlich einmal quer entlang zu denken,

mein Leben nun nicht mehr durch and're lenken,

den Mut zu finden Rettung zu ergreifen,
muss erst den Sinn des Fühlens mir begreifen,

kann hinter mir nur zahllos Scherben sehn,
und vor mir tausend dunkle Wälder stehn,

zunächst ich wollte stets von mir nur flüchten,
mich blenden heiß mit endlos Schleier Süchten,

die Ruhe meiner Seele längst verloren,
ein wütend Sturm in mich hinein geboren.

Ich zeig im Spiegel dir ein and'res Ich,
doch der, den damit wirklich täusch, bin ich.

Natur sie hat mich nun mal gleich gemacht,
wer bin ich, jetzt zu schmähen jene Pracht?

Muss akzeptieren, wie die Liebe geht,
egal, dass noch ein Gleicher für mich steht.

Dich freu, der Stäbe Mächte neu zu leben,
musst keiner feuchten Grube Füllung geben.

Ein Hochgefühl kommt drängend in mir auf,
es ändert meines grauen Tages Lauf,

der neue Drang treibt mich ins helle Licht,

bin lüstern auf die Neue Welt erpicht.

Erst blendend, hat mir eine Trän gezogen,
doch jetzt kann ich ihn sehn, oh Regenbogen.

Freude

Ein ganzes Leben lang gesucht und nicht gefunden,
hab mich vor Ärger weit gedreht und tief gewunden,

so blind und trostlos ging ich meinen steten Weg,
steh nun am äußerst Ende eines morschen Steg.

Wie kann es sein, dass ohne Freude ich hier steh?
So ohne Funken Glück im traurig Herzen geh.

Da kam mir die Idee, der Blitz schlug krachend ein,
viel blinder konnte ich dann hier wohl kaum noch sein,

es stand das große Glück mir ständig vor der Nase,
die Freude hoppelnd vor mir wie ein alter Hase,

ich Blindschleich hab sie schlichtweg einfach nicht
erkannt,
hab sie aus meinem ganzen Leben stur verbannt.

Zum meinem Glück ich bin doch heute etwas schlauer,
bin voller Freude angefüllt, wie dummer Bauer,

vom alten Stege abzuspringen ich beschlossen,
denn du entscheidest selbst, von Freude bist begossen.

Liebe

In junger Knospe Grund sie liegt
wächst wild und schnell, in allem siegt
gibt Jahre dir was du hier brauchst
bis plötzlich du sie schnell verrauchst
nur still Verlangen bleibt zurück
bis junge Knospe neu verzück

Es pocht!

Es pocht!
Immer wieder, langsam, schnell,
egal ob dunkel oder hell.
Es pocht!
So zeigt es mir ob ich nervös bin oder auch in Ruhe
für jedes klein Gefühl ist es die feste Truhe
Es pocht!
Ein ganzes Leben unzählige Male
bei weichem Kern mit harter Schale
Es pocht!
Stillt dein Verlangen nach dem puren Leben
enthält doch auch den Drang nach höh'rem Streben
Es pocht!
Vom ersten bis zum letzten Tag
von deiner Wiege bis zu dein gesegnet Sarg
Es pocht!
Dein Wesen für Unendlichkeit darin enthalten
es kann verhindern, dass die Seele sich wird spalten
Es pocht!
So steigt es auf zum Licht der endlos strahlend Sterne
es wird verweilen bis zum Ende aller Zeit, deswegen mag
ich es so gerne
Es pocht!

Liebe in Zeilen

Die Liebe, so hoffe ich, versteckt sich ein wenig in diesen Zeilen. Sie ist einzigartig und fesselnd und lässt dich für ewig verweilen. Sie zu suchen in der großen Welt ist unser höchstes, ehernes Ziel. Durch Glück und Schicksal findest du sie, dann beginnt das Spiel. Zu beginn wir tanzen im Rausch der betörten, trunkenen Sinne, so zerläuft alles Schlechte, wie im Feuer der Soldat von Zinne. Du brennst lichterloh vor Freude und süßem Sange, sie umspielt dich, festen Griffes, wie eine sanfte Zange. Doch ist ihr Druck und Drang keineswegs unangenehm zu spüren, sie kann dich zur allerhöchsten Form deines Tuns verführen. Mit den buntesten Farben des Lebens malt sie deine neue Welt, die Weichen für endlose Verzückungen in trauter Zweisamkeit sie stellt. Dein Verstand entschwindet in die träumenden, zwinkernden Sterne, dein Herz es tanzt in silbernem Glas, verstrahlt eines Vulkanes Wärme. Die hohe Kunst der Liebe, dich in gänzlich neue Existenz zu leiten, so meisterhaft und ohne Zwang vermag es nur die Liebe, das ist wohl kaum zu bestreiten. Sie ist alles schöne im Universum und noch so viel mehr, im Licht, verbindet zwei Menschen voller Zärtlichkeit, so dicht an dicht. Doch bei aller Euphorie darf man die andere Seite nicht verschweigen, eine bedingungslose Liebe kann blinde Abhängigkeit nicht vermeiden. Sie treibt dich in einen verhängnisvollen, diffusen Wahn, siehst immer und überall, nicht Menschen, sondern Konkurrenten nahn. So ist Vorsicht geboten, dass die Liebe dich nicht zu stark an einen bindet, denn letztlich so deine Bindung zu allen anderen schwindet. Du wirst dich unweigerlich selbst verlieren und der Traum endet, die trunkene Verzückung dir nun keinen Trost mehr spendet. Kannst du nun in trauter Zweisamkeit ohne das Feuer leben oder ist es deine Natur nach dem glühenden Feuer zu streben. Nur der, der vermag die Flamme am Leben zu halten, kann eine fruchtbare, lange Beziehung gestalten. Doch ist dies im Laufe der Liebe nicht jedem beschieden, sind wohl viele von dem Feuer der neuen Liebe getrieben. Wenn Liebe endet, dann lässt sie dich geschlagen zurück, am Boden liegend, die Betrübtheit die dich dort hält, für lange Zeit obsiegend. Doch das Schicksal, wenn es dir halbwegs gesonnen, hast du schnell eine neue, fesselnde Liebe gewonnen. Das Spiel beginnt von neuem, wieder wirst du alles haben wollen und keine Folgen scheuen.

Oh weh!

Oh weh mir,
mein Herz es klagt,
ein schwarzer Schatten an ihm nagt,
ich schmachte nach dir.

Eisern wird mein leidend Herz,
keine Regung meine Seele mehr verspürt,
nicht mehr wissend, wohin mein Weg mich führt,
Verwirrung, fast wie Tod, bringt mir der Schmerz.

Von Beginn, dem einen Moment,
wollt ich nimmer mehr wen anders sehn,
ein ganzes Leben, bis zum Tode bei dir stehn,
dieser besondere Moment, den nur einer von uns kennt.

Lange schon warte ich,
seufzend in die Sterne schauend,
im Geiste unsere Zukunft bauend,
und du kommst und gehst und immer warte ich.

Heute bist du fast entschwunden,
die Wolken sah ich ziehn,
die Tage wollten vor mir fliehn,
alleine zähl ich meine letzt Sekunden.

Ewig hat es mich gequält,
deine Wärme nie zu spüren,
ich dacht, es würde mir gebühren,
doch hab ich es dir nie erzählt.

Noch mehr!

Der süße Schmerz nur dich zu lieben,
doch werd ich dich niemals dann kriegen.

Wir zwei vereint, würd jubilieren,
ach was ich gäb zu kopulieren.

Die Nächte sonst mit mir allein,
kein Einsamer der Nächte sein.
Den harten Segen will ich spüren,
ekstatisch langsam in mich führen.

Ach schleifen, hobeln und auch putzen,
will ich den langen, bäumend Stutzen.

Dann setz ich zum Finale an,
an Explosion ganz nah schon dran.

Am Ende wartet warmer Regen,
mit deinem Segen Frieden geben.

Und plötzlich wach ich leider auf,
das Beinkleid schön und hart befleckt,
hast dich nur in dem Traum versteckt,
so steh ich unbefriedigt auf.

Des Nachts

Im schwarzen Lichte finstrer Nacht,
da trotz ich stets der schlimmsten Macht,
wenn Zweifel, Angst ganz beieinander gehn,
bleibt nur die starke Seele stehn,
erst zu Beginn so ewig lang,
vergeht zum Schluss so zügig stramm.
Wir auf dem Rücken,
auch meist den Tod beglücken.
Doch eine Zeit des Tages,
ich tu es fern des Grabes,
ich muss nur selber auferstehn,
des eigenen Glückes Schmied, zur weißen Sonne gehn.

Glockenspiele

Stille Nacht ist längst ins weite Land gezogen,
Winter naht, die Sonne um die Zeit betrogen.
Sitz in meiner kleinen Kammer wohlig Wärme,
schreib ein wenig und betrachte mir die Sterne.

Kalt geworden, nun genieß ich heißen Tee,
spendet mir Zufriedenheit, wie Glück vom Klee.
Es ist kurz vor Mitternacht auf meiner Uhr,
Zeiger läuft in selbe Richtung stets so stur.

Eigentlich wärs langsam an der Zeit zu schlafen,
scheint mich diese Nacht mit Wache doch zu strafen.
Hoffend, müd, in stillen Schlaf endlich zu scheiden,
dieser scheint mich gänzlich doch des Nachts zu meiden.

Setze so das Schreiben und Betrachten fort,
diese lange Nacht des nächsten Tages Mord.
Furcht, der dunklen Stille Stunden zu erleben,
konnte dann, in stiller Nacht, Geräusch vernehmen.

Jener Zeiger meiner Uhr schlägt nun schon Zwölf,
scheinet bald sie da, die Stund der lauernd Wölf.
Mitternacht die drohend Stille jäh gebrochen,
Glocken hatten nun zur vollen Stund gesprochen.

Klangspiel flutend meinen rostig, alt Verstand,
innerlich, bis hin zum äußerst liegend Rand.
Schien wie ein Signal der Nacht für mich zu sein,
merkte langsam, glitt in leichten Schlaf hinein.

Durch den hallend Klang der stetig Glocken Spiel,
so vernahm mein schläfrig Geist nicht mehr ganz viel.
Doch ein Letztes konnt mein Geist dann noch begreifen,
Glockensang ließ Schlaf aus Müdigkeit mir reifen.

Nehm sie mit in meine süßen, ersten Träume,
füllten mir im Geiste allen Traumes Räume.
Glocken waren mein erhabenstes Signal,
endend langer Wache unbegreiflich Qual.

Er muss!

Ein Fliegender muss in die Lüfte steigen
ein Reisender sich in der Welt umtreiben
der Handelnde sein gütlich Ware preisen
der Sportler seine Muskeln speisen

wir müssen einfach tun was unser Wesen uns gebietet
und nehmen alles was die Welt uns dafür bietet

so muss der Meister seinen Schüler gängeln
der Eilige in langsamen Momenten drängeln
der Kritiker die seichten Worte tief bemängeln
der junge Mensch wenn nötig quengeln

und folgten wir nicht unserm innern Drang
so wächst er aus zu brennend Zwang

so muss der Jägersmann ein Leben enden
Barbier muss ureigenes Messer sein verwenden
der Überfluss muss ihn verschwenden
der Advokat die Schicke zu sich wenden

wir müssen tun was unser Herz uns zeigt
und meines mich unbändig hin zum schreiben neigt

Ein Kunstwerk

Er hockt in seiner Kammer, Dunkelheit erdrückt,
und sitzt am Tisch, die Blätter machen ihn verrückt.

Die Hände stützen zweifelnd seinen leeren Kopf,
von allen mitleidswert, ist er der ärmste Tropf.

Hat vorgenommen er sich doch ein Werk zu schaffen,
scheint nun der Meisterdrang ihn schnell hinfort zu
raffen.

Seit Wochen tüftelt sein Verstand am großen Wurf,
seitdem er wie ein Geist durch alle Straßen schlurf.

Und maßlos motiviert er bringt sich sein Verhängnis,
ein jeder streichend Tag mit größerer Bedrängnis.

Zur Hölle soll aus ihm nur irgendwann mal werden,
sein größter Feind, soll er als Unbekannter sterben?

In allen Fällen musste er ein Denkmal setzen
und nun beginnt das Leben furchtbar ihn zu hetzen.

In seiner Kammer saß er nun, begann das Weinen,
wie soll er jemals mit sich sein im lichten Reinen?

So traurig, voller Angst ging er dann schließlich schlafen,
es konnten ihn die Blätter nur mit Quetschung strafen.

Doch seine Träume brachten auch ihm keine Ruhe,
sie zeigten ihm nur anonyme Todestruhe.

Vom Pferde wie gestampft erwachte er am Morgen,
sein ganzes Inneres voll Kummer und von Sorgen.

So riet er sich im Sturz vor seine Tür zu gehen,
wo hoffentlich der Einsicht kann im Wege stehen,

auf dass sie ihn vollends ins düstre Herze treffe
und dann alsbald sein Geist ein Anfang sich ermesse.

Als er auf die belebte Straße endlich trat,
er flehte selbst beim Staub der Füße um den Rat.

Besehend all die Menschen ihrer schäftig Wegen,
doch konnten sie ihm keinen einzgen Anreiz geben.

Die Kinder tollten wild und frei in allen Gassen
und doch auch sie beließen seinen Geist im blassen.

Schier wütend ging er Richtung Norden aus dem Ort,
so weit von allen seinen bösen Spöttern fort.

Nach kurzem Wege wieder fand er sich im Wald,
sehr frisch die Luft und all die Bäume auch so alt.

Dort tausend Vögel eifrig sangen süß ihr Lied,
von der Natur und ihrem glorreich, heilig Sieg.

Die weise Luft erfüllt von Sang und süßen Düften,
doch immer noch sein Geist hockt tief in dunklen
Grüften.

Und wütend, wieder weinend, irrt er durchs Gehölz,
vielleicht er sollt ja Schutzmann werden in Fanölst

Nach langer Wanderung auf einer hellen Lichtung,
ein einzeln Stein in jener Mitte, schönste Sichtung.

Ganz müd, erschöpft, ließ er sich an ihm leise nieder
und langsam fand er seine Sinne zärtlich wieder.

Dann seine Finger fühlten über frisches Gras,
ganz sanft, er einig grüne Halme auf sich las.

Für diesen Augenblick beruhigt sich seine Seele,
ein Teile seines Friedens er sich zu dann zähle.

Verstand nun neu, besah er schönste Szenerie
und etwas traf den Blick, wie so es tat noch nie.

Auf jenem Stein ein einsam Schnecke locker hockte
und langsam, stetig ihren Weg sie mächtig robbte.

Bei diesem Schauspiel keimte ihm ein neu Gedanke,
in seinem Kopf eröffnet sich die sperrig Schranke.

Egal wie langsam und der Weg auch noch so weit,
bist eines Tages für die große Tat bereit.

Des Künstlers schundne Seele war nun wieder frei.
Von neuen Zielen fasste er nun derer zwei.

Zunächst will er sich vor der Schnecke dankend neigen,
dann will er durch der fernen Länder Mythen reisen.

Für Jahre zog er so durch viele Welten, Länder
und schlief am Feuer in des Sternenzelts Gewänder.

Nach langer Zeit dann kehrt er endlich wieder heim,
denn diese Reise spülte seine Seele rein.

Sein Kunstwerk hatte er schon lange da vergessen,
er schämte sich wie sehr er war damals besessen.

Er lachte über sich dann sitzend an dem alten Tisch,
ein Blatt Papier lag dort, so weiß und ach so frisch.

Und plötzlich wusste er was er zu machen hatte
und füllte bald die eine und die andre Mappe.

Und seine Hände hielten Monate nicht still,
sein Kopf vor Reichtum endlos endlich überquill.

so wunderschön was er am Ende sich geschaffen
und jemand anders es erblickt, er würd ihn hassen.

In seinem Leben er beschloss sichs zu behalten,
als Denkmal sich nach seinem Tode erst entfalten.

Quintessenz des Lebens

In voller Pracht fächert es vor mir auf. Ich kann nicht widerstehen es unentwegt zu betrachten. Häufig gewährt es vollen Einblick, doch manchmal blendet es dich und du irrst. Über Jahrzehnte wirst du verzückt und verzaubert. Es zeigt dir große Freude und tiefe Trauer, brennenden Hass, der dich verängstigt und antreibt zu blinder Tollwut. Jeder Moment offenbart sich dir als denkwürdiges Ereignis, doch können wir sie nicht alle sammeln. Vieles geht verloren. Während wir nun dort stehen, vor dem Gemälde unseres Lebens und mit ihm interagieren, wiederholen sich viele Ereignisse. Die Routine beim Betrachten langweilt uns. Nun könnte man sein Gemälde neu gestalten. Doch manch einer wendet den Blick von seinem Gemälde ab und verliert sich in der Galerie des Lebens, in den Myriaden anderer Werke. Den Weg zurück zum eigenen Gemälde gilt es zu finden, doch schaffen dies nicht alle. Wir verlieren unseren Blick im Gewirr der fortschreitenden Zeit. Unsere Integrität schwindet und wir lösen uns auf, solange bis das unbetrachtete Werk eines ganzen Lebens nur noch eine verblasste Erinnerung an ein ehemals buntes Meisterwerk darstellt. Sei also gewarnt den Blick vom Gemälde deines Lebens abzuwenden. Nimm frische Farbe zur Hand und gestalte neu. Hauche neues Leben ein, wenn die Farben drohen zu ergrauen. Nur die eigene Schaffenskraft ist ein Garant für das Fortbestehen der ureigenen Integrität. Neugestaltung erhält uns frisch und froh. Doch kommt man nicht umhin festzustellen, dass man, je länger man in der Galerie verweilt, doch irgendwie weniger wird. Die Neugestaltung fällt schwerer und der Blick aufs

Lebensbild trübt sich stetig stärker ein. Eines Tages umfängt dich Dunkelheit und dein Gemälde hat seinen finalen Zustand erreicht. So hängt es nun, als Denkmal, in der Galerie des Lebens, im Fluss der Zeit.

Warum ein Haus voller Verrückter mein Leben verändert hat

So jung, so dumm und ohne Ziel,
vom Leben ich verstand nicht viel.
Wie trunken, tief in dunstger Nacht,
hielt ich die immer gleiche Wacht.

Nun Zeit für Neues, mahnte mein Gewissen,
ja, aber wie? Das wollt ich gerne wissen.
Durch Zufall, oder Fügung? stolpert ich ins Glück!
Dem Wunsch, ein Ziel zu finden, näher doch ein Stück.

Ein Haus voller Verrückter wurde Karte neu für mich,
Gewissen ruhig, bin stolz auf dich.
Das Leben prüft dich unentwegt,
gewonnen hat, wer trotzdem steht.

Letztlich beendet meine Wacht,
verlassend diese dunstig Nacht.
Fand ich mein Ziel, den Schlüssel zu dem Glück,
ein großer Haufen, was bin ich verzückt.

Und jederzeit wieder ich würd Vernunft gegen den Wahnsinn tauschen,
ja, wieder kalten, ansatzlosen Sprunges in die neue Welt eintauchen.

Feuersturm

Eitel, müde ging ich meinen Weg,
große Strecke so zurück ich leg.

War ein gänzlich unscheinbarer Tag,
wo mein neues Leben mutig wag,
auszubrechen aus dem schlechten Schorf,
stech ihn auf als wär es schmierend Torf.

Endlich kann ich wieder grade gehn,
voller Stolz ins Licht der Sonne sehn.

Brand in mir war beinah doch erloschen,
mich verkauft für einen simpel Groschen.

Lang in dunklen Tagen schon gewunden,
Seele, Blut und alt und Wund geschunden.

Heute ist ein völlig neuer Tag,
seinen Anfang schon ich freilich mag,
ist als wäre alles neu geordnet,
hätte sonst, für solchen Tag gemordet.

Brand kocht himmelhoch zu neuem Maß,
aufgedreht und flammend zündet Gas.

Dunkler Wald mich windend lang verwirrte,
lang, so lang ich ziellos kreiswärts irrte.

Heute bricht aus mir ein Feuersturm,
echter Mensch, aus kleinem, stillen Wurm.

Lebenslauf

Ich bin der, der jeder ist. Doch will ich es nicht sein.
Bei wenig Zeit schon sehr viel Leben, so vieles gegeben,
so vieles genommen, hab an manchen Tagen den
Überblick verloren.
Eine junge Seite, zum schämen unproduktiv, sind wir
doch furchtbar naiv.
Erst wenn es zu spät ist merken wir, lechzend nach
Sensation um Sensation, wie ein Tier.
Ist kein Verbrechen, das Leben in vollen Zügen zu
kosten, doch sieh am Stadtrand einen alten eisernen
Zaun, irgendwann beginnt er zu rosten.
In jedes Menschen schlagend Herz pocht ein Potenzial,
da ist etwas, dass beherrscht jeder genial.
Nimm deine Zukunft mit beiden Händen und schreibe
dein eigenes Märchen,
spüre freudige Spannung bis ins kleinste Härchen.
Bevor mögliche Schöpfung im Feuer der Zeit verbrennt,
ein jeder seine Schaffenskraft erkennt.
So tu dir selbst den gefallen, nutze das wilde Stürmen,
eitler Jugend um dem Feuer zuvorzukommen,
so sind schon viele dem Vergessen entronnen.
Was soll nun am Ende dieser Auswüchse zu Buche
stehen?
Lasst es mich so beenden.
Ist dein Leben wie ein Tag, so verschlafe den frühen
Morgen, er kennt nur Kummer und Sorgen, nutze das
volle Licht für volle Taten, denn nichts kann warten.
Ärgere dich über die einsetzende Dämmerung, denn sie
kündet von Veränderung.

Siehe dann den Sonnenuntergang, lebe den Rest des
Tages
und spüre die Wende,
des letzten Tages Ende.

Vinum veritas

Langes Mühsal monotoner Woche,
erheben wir uns an dessen Ende
zu neuer Blüte, in feinstem Gewand.
Trank voll Freude fließt erbaulich die Kehle bergab,
ins finstre Grab.
Wie verschollenes Licht bricht es aus der düstren
Wolkendecke
und wir finden das Leben in gläsernem Scheine wieder.
Ich will die schönen Stunden,
um nichts im Runde dieser Erde missen.
Nirgends scheint das Leben so einfach wie in diesen
Stunden.
Selbst wenn ein ganzer Zyklus ist vergeben,

werd ich diese Stunden nicht im geringsten vergessen.
Könnte die kleinste Freude nicht größer Messen.

Wenn du je die Freude spürtest
mit jemand anderem als dir selbst
schöne Momente zu verleben,
weißt du was ich meine,
bessere Freuden gibt es keine.
Der Freunde tröstende Bande,
hält dich,
selbst am äußersten Rande.
Und wenn du weißt dieser Abend könnte der letzte sein,
genieße den eitel Sonnenschein.
Nimm jeden Zug, kräftig, voller leben,
nichts mehr kann das Leben dir geben.
Harre nicht der Dinge, die vielleicht noch kommen,

spüre jetzt und hier des Lebens heiße Wonnen.
So kann ein einziger Abend,
Kraft dir spenden,
und die kommenden Tage zum Guten wenden.

(Es folgt eine humoristische Anekdote)

Das Beste

Ein ganzes Wochenend gebraten Wurst,
und was bekommt man davon einen Durst.

Am Freitag fing es dummerweis schon an,
da war das Grillen mit den Freunden dran.

War schön, und lange saßen wir zusammen,
unglaublich, sie von diesen Schweinen stammen.

Wir tranken, aßen durch die halbe Nacht,
kein Wunder, Morgen in die Schüssel kracht.

Der Samstag plätscherte dann so dahin,
kann's sein, dass ich schon wieder hungrig bin?

Denn bald schon schlug die runde Uhr halb Vier,
die Zeit für Bundesliga und ein Bier.

Und in der Halbzeit, sollts auch anders sein,
da kam ein Freund mit Bratwurst uns herein.

Und schnell befeuert war der stählern Rost,
bei heißem Grill schmolz jeden Fleisches Frost.

War fertig dann auch schnell und schnell verzehrt,
die ganze Bratwurst meinen Bauch vermehrt.

Bei Hopfen, Karten saßen wir zu Tisch,
die ganze Nacht war draußen ziemlich frisch.

Zum Glück wir saßen wohlig alternd drinnen,
besahen uns das Holz im Ofen glimmen.

Unweigerlich es kam der nächste Tag,
derjenige, den keiner von uns mag.

Für Sonntag wieder Grillen angesetzt,
doch leider hab beim Hopfen mich verschätzt.

Nun sitz ich dort mit Kater, armer Tropf,
verdammt nochmal, es hämmert mir der Kopf.

Mein Magen hatte leider schlecht Empfinden,
konnt mich nur schwer zum Essen überwinden.

Doch ein paar Bissen mussten es dann sein,
war schließlich eine Bratwurst, ach so fein.

Zum Schluss mein Fazit als der schließend Pfropfen,
nimm bloß die Bratwurst, fort der leidig Hopfen.

Sturm

Ein Sturm kommt auf,
ändernd der e'wgen Dinge Lauf.
Des Schicksals blut'ge Realität,
heute Nacht, so grausam, mir im Blicke steht.
Wartend, hoffend, flehend,
nach deiner heil'gen Wärme sehnend.
Schließe dich ein in mein Herz,
lasse dich fühlen meinen unendlichen Schmerz.
Heiliger Unhold meines Rhythmus Herzens,
die Schläge so unstet, voller Schmerzen,
pochend, pulsierend geht mir das Leben,
wollte dir eigentlich ein gesundes geben.
So gebe ich auch mein allerletztes,
so hoffe ich du schätzt es,
ist schmal und schwach geworden,
gehe nun des Himmels Norden.
Nehme den letzten Zug,
darf nicht verpassen, meinen letzten Flug.

Schreiben in Wort und Tat,

das ist es, was ich unendlich mag.
Ein paar Buchstaben, so viele Kombinationen,
es zu wagen, wird sich immer lohnen.
Die Vielfalt jener alten Kunst birgt große Macht,
kannst schöpfen, kannst vernichten, alles unter deiner
Wacht.
Die Schönheit darin in absoluter Perfektion,
wo sonst auf dieser Welt gibt es das schon?
Nichts ist zu vergleichen mit dem geschriebenen Wort,
ist für stille Unendlichkeit, geborgener Hort.
Nichts ist so unumstößlich und geduldig,
niemals ist ein Wort dir etwas schuldig.
Mein ganzes Leben will ich dem Worte schenken,
soll es nach mir, meiner ein wenig gedenken.

Für einen Freund

Für den, der es wirklich verdient,
für den, der mir tausendmal gedient,
für den, mit größtem Ehrgefühl,
für den, der geht durchs Gewühl,
für den, mit großem Mut im Herzen,
für den, der trägt alle Schmerzen,
für den, der nur an andere denkt,
für den, der sich selbst wenig schenkt,
für den, der beinah alles kann,
für den einen besten Mann,
für den, der niemals fällt,
für den, der sich der Welt so stellt,
für den besten Menschen, den ich jemals traf,
wenn ich dir das mal so sagen darf.

B

Berg und Tal

Berg und Tal,
hölzerner Stahl,
wie auf Schienen geht das Leben,
nur ab vom Kurs durch grobes Beben,
der schlimmste Stich in die pochende Brust,
geh weiter, oder ersticke kläglich am Frust,
kein ewig blaues Haupt sollst du tragen,
würdest wohl am Schleier verzagen.
Nun geh, geh schnell voran,
den dunklen Weg entlang,
bis zum gerechten Sieg,
der einzig noble Krieg,
kämpfe für das Leben,
das dir kann Frieden geben.

Ein gebranntes Kind

Ich öffnete die Tür. Eine kalte, stille Nacht nahm mich in ihre schützenden Klauen. Wieder einmal trieb mich eine quälende Unruhe aus der prasselnden Ofenwärme meines Übergangsdomizils. Ich verschloss meine Ohren und trat die Flucht nach vorne an. Der brennende Schmerz im linken Arm schien sich zu löschen und die kalte Nachtluft tröstete mein Innerstes. Wut und Entschlossenheit brandeten gegen die Klippen meiner Angst. Ich wollte sie nicht umschiffen. Ich hielt darauf zu. Wie ein Sturm tobte mein tapferes Herz gegen die Felsenwand. Starre? Verzweiflung? Der Bann musste brechen! Was mein Verstand schon länger begriffen hatte, begann nun auch mein Herz zu verstehen. Mein Schritt wurde fester. Tausend Menschen fühlten tausendmal den selben Schmerz, von Verzweiflung und Gleichgültigkeit. Doch will ich bestehen, wo ihnen die Kraft versagte. Ich konnte sie verstehen, doch hatte ich kein Verständnis für ihren feigen Ausstieg. Es ist die Bürde der zarten Seele. Empathie ist Fluch und Segen zugleich. Erlebst jeden Schmerz und jede Freude umso intensiver, doch befähigt sie dich auch zu Außergewöhnlichem. Des Künstlers hauchzarte Seele, wie ein Grashalm im Sturm. Eine tiefschürfende Erkenntnis kam ihm. Sind das banalste auf der Welt. Das gebrannte Kind. Haben die Herdplatte berührt und gemerkt, dass sie heiß ist. Unsere Seele fing Feuer. Ein Gedanke schlug tiefe Wurzeln ins Herz. Unsere Erfahrung machte uns krank. Unsere Stärke einbüßend, drängte uns das Leben in die Ecke! Bis zum letzten Atemzug dort bleiben? Oder den Schatten wegstoßen und wieder ins Licht gehen! Meine

Entscheidung war gefallen. Ich konnte endlich von ganzem Herzen verstehen. Unveränderliches ist nicht zu ändern und Chaos ist nicht zu kontrollieren. Verändere, was zu ändern ist. Werfe deinen Stein in den Fluss der Zeit und schlage deine Wellen. Die Zeit rinnt wie Wasser durch unsere Hände. Versuche nicht sie festzuhalten! Mutig voran, in neue Zeit, werfe deinen Stein in die Ewigkeit. Nimm was dir gehört, bis zu deinem letzten Tag. Mögen die Nachtsterne über meinem Haupt mich beglaubigen. Gebrannt, nicht verbrannt!

Licht im Schatten

Licht im Schatten,
drohe zu ermatten,
ging unbeschwert durchs Leben,
musste mir nie Mühe geben,
doch nun ist Vorsicht geboten,
verlieren gerade jetzt verboten,
um nur einen Schritt geh fehl,
die Zukunft dir selber stehl,
sein Licht soll mich leiten,
kann alle Kämpfe bestreiten,
seine Wärme gibt mir Kraft,
süß wie erhabener Saft,
durch ihn nochmal aufgerafft,
nun ist es fast geschafft.

Mein Nachruf auf dich

Ein alter Mann, schon längst verblüht,
zu oft wurde er vom Leben geprüft.
Einst, von Ambitionen schnell getragen,
hast auf deinem Weg gelernt, zu versagen.
Frucht des Lebens zahlreich in die Welt gebracht,
hattest alles um Erfolg zu tragen, in schillernder Tracht.
Zu gerne hätt ich gewusst was dir den Antrieb gestohlen,
heut bist du Lug und Trug, widerwärtig, unverhohlen.
Ich lernte, dich bis ins Mark zu verteufeln,
nur dein einsamer Tod kann Balsam auf meine Seele
träufeln.
Geh! Und nimm mit dir meine Wunde,
jede einzelne deiner Taten schlimme Kunde.
Weiß nicht, warum Boshaftigkeit so sehr in dir keimte,
selbst vor Göttern ich unsere Bekanntschaft verneinte.
Ich will dich tilgen aus meinem Kreise,
dich zu vergessen, welch harte Reise.
Wär doch alles nicht so schlimm gewesen,
hätt ich nicht Wahnsinn in deinem Aug gelesen.
Hast von mir genommen mein höchstes Gut,
habe verlernt wie gut eine Mutter tut.
Dafür wünsch ich dich in den letzten Kreis der Hölle,
Jahre der grausamen Qualen deine blut'gen Zölle.
Doch spendet Trost mir ein sicheres Wissen,
bist bedeutungslos, kein Dreck wird dich vermissen.
Stirb an deinem letzten Tag, mit dumpfem Sinne,
zuletzt wirst du hören weder Familie noch Freundes
Stimme.
Weine und reue für deiner Abart Leben.
Vielleicht du kannst im nächsten besseres geben.

Der Weg

Große Pläne für den langen Weg
Grundstein für den festen Steg
Münzen für den großen Fuß
Andere als ich, für Staub und Ruß
Steine für den großen Wurf
Schande für den, der durchs Leben schlurf
Wein und Gesang für den Sieger
Knechtschaft unters Königs Buckel, für den Verlierer
In Würde alternd, für den, der Fleiß sein eigen nennt
Ewig hohe Wellen ohne Ruh für den, der Strebsamkeit
von seinem Leben trennt
Süßer Kuss des alten Tods für den, der stets und ständig
konnte Aufrecht gehen
Judas Kuss für den, der nicht gelebt, und Zeit nur konnte
stehlen
Am Ende kommt der letzte Ruhetraum für den,
der zum Menschsein konnte stehn
So Spiel ich nun mein eines Los,
für den, der sucht der Menschheit letzten Trost

Du bist du

weil du stur bist, immer stehen bleibst
weil du klein bist und doch Größe zeigst
weil dir das Leben mehr bedeutet, als nur die nächste
Sensation
weil du geduldig bist und wenn nötig dem Gras beim
wachsen zuschaust
weil du wankst und doch nicht fällst
weil es in dir brennt und du dem Feuer immer neue
Nahrung gibst
weil nicht der Himmel die Grenze sein kann, denn du
kennst sie nicht
weil jedes nicht gesagte Wort für dich Verschwendung ist
weil du wacker stehst, selbst wenn mal alle Freude geht
weil du du bist und als einziger alles Gute und Schlechte
von mir kennst, lieb ich dich vom ersten bis zum letzten
Tag
weil du ein Mensch bist

Die alte Zeit der Endlichkeit

Wie jedes Jahr ists nun soweit,
voll bunter Blätter kommt die Zeit,

in der wir langsam doch erkennen,
so schnell wir wollen, könn wir rennen.

Das blühendst Leben hat auch Frist,
die Blätter bunt, der Kreislauf trist.

Das fallend Blatt dann trocken bricht,
der Anblick der mein Herz ersticht.

Noch springt das Leben voller Kraft,
dann hälts am Boden voller Macht,

als ob dies Treiben nicht genug,
es treibt dich weiter, jene Flut,

nur dunkel, kalt und ewig still,
und niemand noch nach draußen will,

schier endlos scheinen diese Tage,
das eine ich euch jedoch sage.

Es dauert, bis es wieder hell,
die Sonne schlägt den Regen schnell,

das Neue schlägt den alten Lauf,
nun sei bereit und geh hinauf,

und wird es schwer im Stand zu bleiben,
erfreue dich der Flocken treiben.

Ein Platz wie kein anderer

Die weite Welt sie lockt mit ihren Reizen,
wir sollten ihrer Erforschung nimmer geizen,
denn spannend bleibt das Leben immer nur,
wenn folgen wir der zahllos Abenteuer Spur.

Erlebnisse sie prägen unsren langen Weg,
bei aller Aufregung, den einen Wunsch ich heg,
ein kleiner Platz in unsrer großen weiten Welt,
ach der nur mir so ganz und gar allein gefällt.

Wo gänzlichst Stille salbend meinen Geist erfüllt,
und niemand ungehobelt jene Ruh zerbrüllt,
ein kleiner Platz der soll es bitte für mich sein,
der immer Nachts getränkt von vollem Mondenschein.

Die strahlend Schönheit dort, sie rührt mein leises Herz,
an jenem Orte existiert kein ew'ger Schmerz,
so will ich immer nur den kleinen feinen Platz,
den ureigensten, ruhigen, wertvoll, heimlich Schatz.

Wogendes Leben

Wie wogende Wellen treibt dich das Leben,
niemals weißt du, was es dir wird geben,
zwei Arten leben in unserem Meer,
beide unterscheiden sich nicht – und doch sehr.

Einer ist ein entspannter Geselle,
lässt sich einfach treiben von jeder Welle.
Er versucht nicht verkrampft zu lenken,
lieber überlässt er dem Meer das Denken.
Ob Zeiten nun schwer sind oder leicht,
das wenige das er hat, ihm reicht.

Der andere wiederum, der ist speziell,
sein Kampf gegen das Leben beinah kriminell,
wogende Wellen schlagen, wollen ihm zeigen,
in welche Richtung sein Leben soll treiben,
doch denkt er nicht dran sich zu fügen,
die Wellen, wie sie schlagen, müssen Lügen.
Nimmer wird er aufgeben, gegen an zu schwimmen,
doch ich sage euch, niemand kann dem Leben entrinnen.

Lebensfeuer

Betrittst du diese Welt, wird es entzündet,
deine Seele sich dann in dir gründet.

Die Kraft des Universums trägt sich ein,
und dein Gewissen ist so weiß und rein.

Ein leer Gefäß, voll treibender Begierde,
kannst du sie stillen, wirst der Menschen Zierde.

Bist unbeschrieben, ohne einzgen Vers,
viel Zeit zum emsig sammeln, besser wärs.

Bist jung an Jahren, gänzlich unbeschwert,
so traure nicht, wenn dein Gewicht sich mehrt.

Doch erst einmal ist langweilig normal,
dein Lebensstart als unerfahr'ne Qual,

beileibe soll kein Nachteil dies dir sein,
viel heller so dein inn'rer Feuerschein.

In kommend Jahren wirst du es dann sehen,
es wird viel neues dir zu Buche stehen.

Musst unbeholfen, stücks dich vor dann tasten,
gebotenes erleben ohne rasten.

Vor allem vielen Konsens sie dich lehren,
die Meinungen in dir sich langsam mehren.

Es liegt an einem selbst, es einzuordnen,
für sich man nimmt und welche schlechte Sorten.

Der Fundus wird Charakterzüge bilden,
sieh deine Verse stets in allen Silben.

Welch Stärke deines Feuers du wirst sichten,
die Richtung zeigt, nach der du dich wirst richten.

Ab diesem Punkt bei jedem dann passiert,
das täglich neue Richtung reserviert.

Du wirst dich schneller wenden, ständig drehen,
bevor du kannst den einen Weg dann gehen.

Dies Leben kostet dich enorme Kräfte,
so schwächend deines lodernd Feuers Mächte.

Dein Leichtsinn lässt die Flamme stetig flackern,
sie nicht verlischt, musst kräftig für sie ackern.

Hast deinen Weg dann endlich du gewählt,
wird Festigkeit des Feuers dir gestählt.

Ein Großteil des Charakters nun geformt,
die täglich Handlung häufig grau genormt.

Doch halt dir neue Wege stetig offen,
sonst bleiben manche Türen stets geschlossen.

Verwehrst die Chance auf neue Dinge dir,
die Urlaubsfotos alter Tage Zier.

Mit deiner Lebensflamme nicht verträglich,
die Gier nach neuer Nahrung ist unsäglich.

So mühe dich, ihr allzeit neu zu geben,
es lässt sie äußerst lange überleben.

Am Ende langer Zeit hilft alles nicht,
der Nachschub deiner Nahrung noch so dicht.

Des schönen Tags dein Feuer ist erloschen,
die sterblich Hülle in der Erd, zerbrochen.

Nun könnt man meinen, dies das Ende sei,
doch nur ein neuer Schritt, der Weg ist frei.

Die endlos Schritte deiner spannend Reise,
noch älter werden auf die alte Weise.

Ein Teil des Feuers sicher bleibt bestehn,
und aus gebrochnem Körper Seele sehn.

Kannst so für dich Unsterblichkeit erlangen,
erlebst wovon die Alten lang schon sangen.

Kann Lebensfeuer in die Ferne gehen,
das Ende aller Zeit dort hinten sehen.

Götterspeisen

Nun ist es an der Zeit einmal das Leben zu verlassen,
es lässt die große Welt verblassen.
So weithin sollen die Gedanken kreisen,
denn heute Abend werden wir in Gärten unsres Kronos
speisen.
Und zwischen steinern Klüften, dort vom Feuer alter Zeit
geschaffen,
wir werden uns die Glut des Äthers schmecken lassen.
Ist unser Mahl nach Aschenektar schließlich dann
beendet,
wird sich dem Tanze mit den schemenhaft Gestalten
zugewendet.
Unser Kronos, Herrscher alter Welt,
er zeigt uns wie man ihnen sich entgegenstellt.
So tanzen wir die Ewigkeit,
betrachten die vorbeizieh'nd Zeit.

In kommend Nebel, Silber, Purpur, Gold,
entschwinden wir mit den Walküren, ach so hold.
Nach jenem Mahl in unterst Welt,
ist es nun Zeit für eine Feier in der Götter Zelt.
Vor Toren Odins uns entlassen die Geflügelten aus ihrem
Griff,
besteigen nun das strahlend Schiff.
Die Gold'nen Hallen offenbaren sich uns hinter stählern
Toren,
nur hier, so scheint es, wird ein Gott geboren.
Unendlich lange Gänge stehlen unseren Augen Zeit,
sind endlos, prachtvoll, und so weit.

In großer Halle angekommen, präsentiert sich uns ein schillernd Fest,
für süßen Wein und stark Gesang bildet es ein volles Nest.
Wir tauchen ein in die entfesselt Stimmung,
ein jeder folgt heut seiner bestgelaunt Gesinnung.
Der Rausche dieser Nacht, und so betörend Klänge sie auch sendet,
doch irgendwann auch sie mal endet.
Mit einem letzten Schlucke zückend Götterweines werden wir nun schwinden,
müssen Abschied unserer neuen Freunde jäh verwinden.
Ein weitres Mal hol'n die Geflügelten uns in den reisend Griff,
und heiter und beschwingt ziehn wir dann fort, weit weg vom schönen Schiff.

Denn unser Weg wird uns dort weiter in die brütend Hitze führen,
dort werden endlos viel der Sonne dann auf unserem Gesichte spüren.
Das groß Vergnügen wird uns dort zuteil werden,
wie neuer König sein Krone wird ererben.
Zeremonie von Pracht und Grausamkeit,
wir huldigen der neuen Heiligkeit.
Nachdem wir unsere Aufwartung machten,
da richteten wir uns gen Wüste in die mittlerweile kalte Nachten.
Im Schein des vollen Mondes blicken wir in einsam Dünen,
und immer weiter noch ein Schritt, den kühnen.
Ein Sandsturm zieht aus Ferne rasch in unsre Richtung,

ist grausam schön die blanke Höllensichtung
bereit uns weit davonzutragen,
so schließen wir die Augen werden wagen.
So rauer Sand tanzt lichterloh auf unsrer Haut,
doch nicht zerstört, und eher zart, sie danach schaut.

Nicht lang und uns're Füße spüren wieder Boden,
unendlich Schönheit überkommt uns in der zahllos
Wogen.
Sind hier am schönsten Ort, den's eigentlich nicht gibt,
ein jeder selbst den schönsten tippt.
Wir stehen auf dem golden Staub, mitten in den Sternen,
an jenem Ort da können wir das schönste mit den Augen
lernen.
Ein Nebel, tausend Farben, soll uns hier umgarnen.
Strahlend Sterne blenden unsre Schmerzen,
verbrennen sie wie lodernd Kerzen.
Ein Pfad aus flimmerndem Kristall führt noch ein letztes
Mal hinauf,
dort steht zuletzt der puren Zeiten Lauf.
So siehe hier die Ewigkeit,
ach welche ist für all erdenkliches bereit.
Sie ist das Unumstößlichste der uns bekannten Existenz,
sie steht zu einem Sandkorn ja in hoher Kohärenz.
Der Fluss der Zeit beginnt sich um uns all zu sammeln,
wir reden jetzt nicht mehr, wir können nicht mal
stammeln.
Er trägt uns zurück wo der Alltag lebt,
dort wo wir wieder merken können, dass sie niemals still
hier steht.

Verlangen einer Nacht

In heißes Fleisch es bettet mich die Nacht
an deiner Wärme stillt sich zeitlos Schmacht

will nimmer vor oder zurück noch wandeln
mit deinem Schoß zuletzt in Liebe bandeln

Mit jeder Faser deiner endlos Zier
verschling ich dich mit unstillbarer Gier

bis nur ein Hauch von uns noch hier verweilt
Begierde ausgebrannt ins Dunkel eilt

Das atmende Horn

In Silberstreifen zuckte göttlich Macht des nächtlichen
Gestirn
es zeigt uns, ach wie klein und unbedeutend, wir doch
sind, Gewürm

mit krachend Schreien künden sie von tosend Zorn
als bließe Zeus den Krieg ins dunkle Horn

so kauernd stockt dem Leben der lebendig ganze Atem
die tobend Nacht ihn würgend eng beklemm

doch sprengen soll die atmend Brust die würgend Ketten
und halte ein, im Sud, dich deiner Furcht zu betten

nun lächelnd Auges sieh in jene wütend Nacht
erblicke ihre grausam schöne Pracht

nun schreiend, stürmend, irre gegen jeden Feind
dein Blut dann keine Träne dir vergebens weint

Takt der Welt

Voll Harmonie betören wonnevolle Klänge,
der bloße Takt reißt aus des grauen Tags Gedränge,

im Rhythmus folgt mein Finger deinem unablässig,
und gleich wie lange, wird sie niemals aufsässig,

ob laut ob leise merke ich schon lang nicht mehr,
ach mich dafür verführt sie Tag für Tag zu sehr,

auch wenn dein Ohr ein freilich andern Takt vernimmt,
die reine Kraft in jedem horchend Herzen glimmt,

wir schwingen mit den Bäumen in des Stimmens Wind,
tanzen Mambo mit des jungen Feldes Rind,

wir treiben schwerelos in Wassers wogend Klang,
gefesselt und gezogen von des Hörens Gang,

den reinsten Ton entfaltet unsre alte Welt,
ist heilig, kostbar, mehr als alles schnöde Geld,

auch Farbe auf der Leinwand kann nicht widerstehen,
auch sie muss fügend, fließend, flimmernd mit ihr gehen,

und auch des Meisters konsequente Schaffenshand,
kein Wunder, geht sie taktvoll außer Rand und Band,

denn aller Reigen der Musiken dieser Welt,
Philharmonie der Existenz die uns gestellt,

vorausgesetzt bist willens unbedarft zu lauschen,
vernimmst sonst lediglich ein dumpfes Jammerrauschen,

lass dich von jenem Takte weithin weiter tragen,
dann wird die Sanftmut deinen Ärger überragen.

Traumtanz durch magisches Gebilde

Bringt mich alle Zeit zum fließen
kann nicht einmal widerstehen
muss ich doch stetig mit ihr gehen
wie im Zwang den Drang genießen

Schnelle Schwinge trägt mich fort
schwinde fort im Tanz der Zeit
mit dem Fluss zur Ewigkeit
Traum führt mich zu sich'rem Hort

Nachzuhängen süßest Wonne
Schleier bringen Schmerzen fort
finde den unmöglich Ort
pflanzt die Strahlen warmer Sonne

Rhythmus bringt mich zum verweilen
Traumtanz ohne nahes Ende
fesselt mir die folgsam Hände
manchmal nur dorthin enteilen

Hätt ich früher nie gedacht
süße Klänge Reverie
träumend Meister Debussy
hat solch fesselnd sanfte Macht

Alexander der Große

Zwischen grünem Flieder, bunten Meeren wollt ich stehn,
Sonne sanften Gang vom Anfang bis zum Ende sehn.

Große Schatten dieser Welt ich bürd mir auf,
schimpfend auf des sturen Mondes weißen Lauf.

Auf langen Wegen wandert ich entlang,
Spuren suchend, stimmte Heldensang.
Cäsar, Alexander sehn,
Atem ihres Namens flehn.

Großes Streben aller meiner Mächte,
triebig Feuer lodernd zu mir brächte.

Aber dann bin ich auf ewig auch allein,
wollte immer doch zu viel von allem sein.

Schließlich zahl ich was ich übrig habe,
ist doch eher eine milde Gabe.

Hoch wer emsig strebt zur heißen Sonne,
brennt in Ikarus verloren Wonne.

Schluss und endlich wird mir klar.
War mir selbst dann doch zu nah.

Ein kleiner Funke

Ein grüner Funke grellen Lichts,
erkenne aber einfach nichts.

Ich muss zur Quelle, näher ran,
muss wissen, was am Lichte dran.

Aus Ferne wirkt's wie unheil Schein,
von hier kann's aber alles sein.

Die Neugier wächst mir in den Kopf,
ein Edelstein, ein grüner Topf?

Wie ich nun grelles Licht durchschreite,
kommt langsam näher ferne Weite.

Der Funke wächst zu hellem Schein,
verdammt nochmal! was kann's nur sein.

Betrachte meinen grünen Scheine,
es fällt mir auf, dass ich doch reime.

Und irritiert ich bleibe steh'n,
ich reime jetzt, beim näher gehen?

Ich schüttle die Verwirrung ab,
in Richtung Grün, im schnellen Trab.

Das grüne Licht kommt endlich nah,
ich konnt nicht glauben, was ich sah.

Die Feder schwebt dort überm Boden,
ein grünes Licht in sanften Wogen.

Ich dachte nach, wie sie könnt heißen,
und dann stand ich vor einer Lösung,
doch Wecker aus dem Schlaf mich reißen.
Die Sonne schreckte mit Entblößung,

auf Lösung war ich sehr erpicht.
Doch Leider war die Zeit jetzt nicht,

denn zügig musste ich nun duschen,
Verstand kam langsam in die Puschen.

Im warmen Wasser dann erkannt,
auf zwei der Wünsche zugerannt.

Die Feder meine Zeit beschlossen,
mit grüner Hoffnung ganz begossen.

Nun endlich hab ich was gefunden,
ab heute keine neuen Runden.

Der Fluss

Sein mächt'ger Strom reißt alles fort.
Sein Lauf fließt auch durch kleinsten Ort.

Die Strömung ist so gnadenlos,
er fließt durch aller Herz und Schoß.

Wir sind das Floß in seinem Lauf,
nicht einfach mal ein neues kauf.

Sind Sandkorn nur am alten Strande,
des Ufers endlos scheinend Rande.

An allem nagend, durch die Welt,
er fließt, auch wenn es nicht gefällt.

Umkreist uns wie ein enger Schlauch,
er quetscht dich bis zu dünnem Rauch.

Er wird uns eines Tages haben,
und strömend uns zu Grabe tragen.

Im Universum stets der größte,
so höhnisch lachend, Angst uns flößte.

Sind Schergen seiner endlos Macht,
und gegen ihn hilft keine Wacht.

Jahrtausend lang wir gegen schwimmen,
wir können letztlich nicht gewinnen.

Wir können uns nur treiben lassen,
ist ihm egal, wenn wir ihn hassen.

Des Daseins einzig wahrer König,
wir sehn ihn nicht, doch sind ihm hörig.

Ich bin ich

Mein langer Weg zu diesem Punkt,
so mancher mir das Scheitern schon geunkt.
Mal oben auf, mein Ziel ganz fest im Blick,
mal bis zum Boden gebückt, Durchhalten der Trick.
Nun sind bisher noch sehr wenig Ringe im Stamm,
doch trat das Leben schon sehr oft an mich ran.
Man muss widerstehen sich blind zu fügen,
denn oft versucht es, dich zu betrügen.
Oft wünscht ich, es wär einfacher gewesen,
manche Entscheidung auch nicht immer handverlesen.
Habe nach längerer Zeit ein Ziel auserkoren,
anderen Menschen zu helfen, dafür geboren.
Jenen zu helfen, die es selbst nicht können,
sollen sich dennoch ein echtes Leben gönnen.
Ich stolperte zwar mehr oder minder ins Ziel,
doch erntete des Erfolges, ich, am Ende viel.
Eine Bestimmung im Gefüge des Schicksals,
ist die Errichtung des persönlichen Denkmals.
Wenn wir das Leben als die Chance nehmen, die es
darstellt,
dann wird unsere Zufriedenheit zunehmen, wie Reis
aufgequellt.

Dein Ort

Kennst du den einsamst Ort auf dieser Kugel?
Er ist so gut versteckt, ihn findet nicht mal Google.
Zu jeder Zeit es wechselt er des Standes Punkt,
enthält er nur das Nötigste, gibt keinen überflüssig Prunk.
Willst greifen ihn, dann fliegt er flink davon,
grad als du dachtest, hättest ihn gewonn.
Nun ist es schwer zu sagen, was er eigentlich denn ist,
nicht möglich es zu wissen, wo du ihn dann triffst.
Du wirst es einfach wissen, wo du ihn dann findest,
grad wenn durch Zufall in den Weg einmündest.
Und glaube mir, es lohnt sich, ihn zu finden,
denn dort kann Schicksal sich neu gründen.
Er liegt dort, wo Freude stets obsiegt,
kein kleinster Kummer dir zu lasten liegt.
Ja dort, wo niemand dich zu fassen kriegt,
wo niemand mutwillig dein Leben biegt.
Er ist da wo du im Einklang mit dir bist,
nur in Ruh und Sinnung du ihn triffst.

Eine neue Welt

Stifter des absoluten Chaos will ich sein,
doch unbemerkt, getarnt mit Heiligenschein.
Will rütteln an der gefestigten Norm,
soll die Alten treffen mein drängender Zorn.
Will einen Sturm vom Zaune wütend brechen,
all jene die uns blenden sollen Strafe zechen.
Die Welt muss endlich sich erneuern,
doch Wortführer es lediglich beteuern.
Mein Wille soll ein Feuer euch entzünden,
in aller Welt von Mitgefühl und Weisheit künden.
Kommt mit mir in eine neue Zeit,
ich weiß, die Menschheit ist für Einheit bald bereit.

Ein Schlusspunkt?

Ein hoch Vergnügen war es, dies zu schreiben,
mein Wahnsinn für euch auf die Spitze treiben.
Gedanken meines Lebens neu gedacht,
und wieder weinend mit dem Herz gelacht.
Den Wegweiser fürs dunkle Herz geschaffen,
willst folgen mir, musst lichte Träume raffen.
Zu mir an meinen kleinen friedlich Ort,
dort ist der Puls des Lebens niemals fort.
Wir müssen einfach leben, lieben, leiden,
bevor wir aus dem ersten Leben scheiden.
Das ist der große Trick auf dieser Welt,
ich hoff, er euch ein bisschen nur gefällt.
Und nun schenkt mir ein lichtes letzt Gehör,
noch einen letzten Eid aufs Leben schwör.
Das Gute aus dem Aug nie zu verlieren,
im Sturm nicht mit dem Bösen zu paktieren.
So schließe ich mit Wünschen für euch alle,
bevor in den verdienten Schlaf ich falle.

Und nun ich widme dies geschrieben Wort,
dem guten Freund, und Mutter, die schon lange fort.
Sie schenkte mir das eine Leben,
für sie ich werde immer alles geben.

96

???

Komm, folg mir in die Dunkelheit, je länger es gedauert, sitzt dort nicht mehr nur die Minderheit. Lass uns die Sünde neu erfinden, dann werden wir die tiefsten Winkel unsrer Seele neu ergründen. Fahren damit fort solange, bis wir immer tiefer fallen, letztlich werden wir des dunklen Fürsten treu Vasallen. Werden tobend unsrer Niederträchtigkeit dort folgen, bis das Ende unsres Weges wird uns folgen. Dann müssen leider wir erkennen, das wir in unsren Untergang ganz selbst jetzt rennen. Denn haben wir versucht den Konsens umzustürzen, das alte Leben neu zu würzen. Es Aufgeben, das will ich dennoch nicht, so zeige ich doch weiter hier mein literarisches Gesicht.

Schritt 2
Der wütende Sturmreiter in sanfter Seele

Der Sturm in unsrer Seele, er hat tausend Formen,
kennt keine Regeln und auch Normen.
Vor allem jenen er vermag zu toben,
die sind so endlos mit dem Leben doch verwoben.
Sie haben mehr als nur die rosarote Seite kenn gelernt,
und ihre Seele von dem Schicksal beinah ganz verhärmt.
So kann es schnell passieren, dass die Sanftmut geht
und das Befinden dir im Sturm des Drachen steht.
Die Sanftmut wieder dann zu finden,
erfordert sich an einen Baum zu binden.
So können wir dem Sturm dann widerstehen,
mit neuer Sanftheit in die Sonne gehen.

Das Toben in dir

Ein Sturmreiter zieht tosend durch das Land,
die tobend Wolken kündigen ihn an.
Interessanterweise nicht bekannt,
dennoch, vor ihm erzittert jedermann.

Wirst merken, wenn es schließlich soweit ist,
denn dann beginnt der Aufruhr dir zu keimen,
wenn endet deiner Ruhe eigen Frist,
ja dann beginnst du doch senil zu reimen.

Eine massive Welle baut sich auf,
und du wirst völlig Neues in dir fühlen,
dein Leben ändert seinen alten Lauf,
ja du wirst neue Zeiten kribbeln spüren.

Nun stehst du wartend an der sichtlos Schwelle,
so voller Spannung bebend wartest du,
dann legst dich in die tosend, brechend Welle,
und andere sie schaun von außen zu.

Das Leben, wie es einst von dir gekannt,
willst drängend alles Alte darin ändern,
das Alte wird im Zwang von dir gebannt,
ein strenger Wechsel bis zu äußerst Rändern.

Das Leben eifrig tobt in dir,
du spürst den einen neuen Drang,
es öffnet sich nun dein Revier,
und wanderst weiter hoch im Zwang.

Erst fürchten wir den bösen Sturm,
dann lernen wir ihn langsam schätzen,
wir steigen dann von unsrem Turm,
nach eminentem Wandel lächzen.

Wir werden letztlich finden,
sobald der Sturm dann endet,
im Zwange nicht mehr winden,
die klare Sicht sich wendet.

Wohin führte unser Weg?

Ich bin wieder da und heiße euch Willkommen. Mein Zwang der Worte fuhr fort und wir wollen schauen was wir haben seit dem letzten Mal gewonnen. Mit Spannung erwarte ich was die Zeit in meinen Gedanken mir neues bringt und welch subtiles Lied mein Geist euch diesmal singt. Beim ersten Mal schien die Welt am Ende zu stehen, vielleicht konnte sie ja etwas aufwärts gehen. Viele Gelegenheiten hat die Welt uns Menschen gegeben, um Menschlichkeit in unserem Leben eine Chance zu geben. Und um an diesem Anfang an das letzte Ende anzuknüpfen, werden wir nun wieder voller Freude in die revolutionäre Dunkelheit hüpfen. Also folge mir nun in die Dunkelheit, denn nun sind wir zu allen Schandtaten bereit. Lasst uns die Welt mit unseren Gedanken empören und ihre zerfahrene, eingerostet Selbstzufriedenheit stören. Lasst uns stürmen, mutig voran, dann schalten die Lichter der erstickten Aufklärung wir wieder an. Wir werden die gaukelnden Schattenspiele beenden und das Licht der Wahrheit in die Welt aussenden. Nur gemeinsam können wir endlich unsere Augen öffnen, um das Licht zu sehen. So können wir den Schatten an der Wand widerstehen. Jetzt machen wir uns auf und beginnen unsere Reise, wir begehen sie alle auf unsere eigene Weise.

Frust

All dieser Frust zerdrückt mir die Brust. Ein einziges Mal wies mir mein Körper Schranken, brachte meine Welt ins Wanken. Kann nicht genau sagen was fehlt, was meine Seele stiehlt. Ich sehe mit einem Auge der Gemeinschaft große Not, mit dem zweiten den nahen Tod. Will es nicht mehr sehen, es wird schwerer dem Verdruss zu widerstehen. Gehe nun durch alt bekannte Straßen, genieße das immer Selbe nur noch in Maßen. Wann? Sag mir Wann! werden wir die nächste Stufe gehen, der Mensch sich in ein höheres Selbst erstehen. Was ich nun will, ist purer Altruismus, kommen wir doch erst weiter mit besiegtem Egoismus. Nicht Ich! Wir sind viele, sind nicht die Gladiatoren im Spiele. Die oberen sollen es endlich verstehen, müssen uns offen Aug in Auge sehen. Doch herrscht die Furcht, dass bis zum letzten Tag es dauert, und zu guter Letzt, der einsam Spross den Tod der Mutter bedauert. Als eines Tages ein Prophet kam von dem Berge, sein Fuß betrat die Erde, schlug er den goldenen Götzen tot, vernebelte die lange Not. Ein zweiter hat dann einen Markt gesehen, im Zorn schickte er die triebig üble Wurzel an zu gehen. Sein Akt blieb jedoch ohn Gehör, bloß niemand den gewaltgen Dämon stör. Ein giftiger Stachel steckt in vieler Menschen Herzen und niemand spürt die starken Schmerzen. Können wir es doch jetzt wohl nicht wissen, so werden wir doch bald das echte Leben uns vermissen. Ist nur noch ein Traum, ein großer Schleier, über uns kreisen längst die schwarzen Geier. In langer Vergangenheit haben wir Großes erreicht, sind für die neuen Tage auf Stillstand geeicht. Fällt der Regen erstmal nach oben,

Scheiße über Verstand gehoben, dann spannt sich bis zum äußersten der Bogen, Leben, nur noch betäubt von Drogen. Das Licht des Wissens ist lange erloschen, wurde von blanker Untat erschossen. Von Nord nach Süd, von Ost nach West, überlebten wir die Pest. Warum geben wir uns heute so kampflos dahin? Die Zeit einem jeden doch entrinn, geben dem ganzen nie mehr Sinn, gerade denk ich, ich spinn. Doch spinn ich oder spinnt jemand seinen Faden? Wir sollten wagen zu fragen! Worauf will ich hier eigentlich raus, such einen Grund, wie Käse gesucht von der Maus. Betrauere das Gestern, verteufle das Heute, die Zukunft gehört der gierigen Meute. Tief zerrissen, ohne Bindung, eine neue die größte Erfindung.

Morgenluft

Ein kalter Morgen, rau begrüßt von alter See,
ich steh am Strand und Wind verwirbelt zarten Schnee.

Das Meer ist schöner, voll getränkt von warmer Sonne?
Es gibt dir in der grauen Ruhe größer Wonne?

Man könnte es auch deutlich anders sich besehen,
am rauen Tag sich nie die sanfte Sonn erflehen.

Viel majestätischer es ist im tobend Sturm,
wir sollten stets verlassen Elfenbeines Turm.

Der wütend Elemente altem Spiel zu schauen,
ein öffnendes Erlebnis, wenn wir uns denn trauen.

Uns jener Anblick dann erweckt den Lebensdrang,
voll Inbrunst, ziehen wir an jedem neuen Strang.

So ist nun Zeit, bequeme Ruhe zu verlassen,
kommt auf! Wir stürzen uns in wilde, kalte Massen.

Wir rütteln alles Schlafend mit dem Sturme auf!
Ihn jetzt zu ändern, grauen Morgens stumpfen Lauf!

Hass

Ja sein Betragen lenkt er,
und seinen Geist vernebelt er.
Die wütend Flamme schlägt sein Herz,
ein schwarzer Mantel über seiner Seele.
Was Hass nun eisern schürt,
ist jenes Unglück, das ihm angetan.
Als Kind die Reinheit er verlor
und Angst bringt seinen Hass.

Frieden

Ein helles Licht den Tag umhüllt,
Tauben, weiß wie Schnee, tragen Olivenzweige
und der Menschen Herz geht auf in Liebe.
Ruhm des Schwertes ewig schweigt,
wie alle Trommeln in der Nacht.

Gifhorn

Zwischen Salz und Spargel ist zu finden,
kleine Straßen durch ihr Antlitz winden,

Flüsse derer zwei, sind dort im Lauf,
schiedlichst Landschaften zuhauf.

Ziemlich klein, sodass sie niemand kennt,
niemand häufig ihren Namen nennt.

Bin darüber wirklich heilfroh,
diese Weise birgt sie weiter so.

Nicht genau den meisten ist bekannt,
werden doch manch Dinge ihr genannt.

Heimat ist sie vieler Mühlen,
staunst im warmen oder kühlen.

Zeugnis langer Zeiten sie belegen,
Jahre stehn sie gegen Wind und Regen.

Flüsternd haben sie so einiges zu sagen,
lauschen ihren Worten, sollten wagen.

Nicht nur diese Zeugen sind zu finden,
mehr noch zwischen Eichen, Buchen, Linden.

Kleiner Traum es ruht in ihrem Schoß,
mitten zwischen Heidschnucken und Moos.

Kleine Schweiz voll blühend Heide,
hoffend, diesen Ort ein jeder meide.

Bleibt für immer, wie er ist,
außer mir ihn jeder sich vergisst.

Strahlend Kleinod voller Wonne,
bin ich dort, mein Herz es strahlt wie Sonne.

Jener Ort unaufgeregt,
Seligkeit ist dort gehegt.

Stadt ein Hort für schöne Tage,
gestern bis zu heutgem Tage.

Ist und bleibt in meinem Herzen,
dort, ich kenne keine Schmerzen.

Die Zeit ist gekommen

Den Wendepunkt unsere Zeit haben wir nun erreicht. Immer wieder erschütterten uns feige Angriffe von ehrlosen Menschen, die sich dann hinter ihrem Glauben verstecken. Ohne jegliche Rücksicht auf die unzähligen Menschenleben treiben sie tödliches Chaos voran. Ihr Fanatismus blendet sie. Sie wissen nicht, was es bedeutet zu leben. Sie haben nie gelernt, ihre Zeit für die Menschheit einzusetzen. Jedwede Vernunft wurde von blinder Tollwut zertrampelt. Wenn wir jetzt nicht handeln wird es zu spät sein. Nicht länger dürfen wir unsere Taten von ihnen beeinflussen lassen. Wer Sturm sät, soll auch seinen Sturm ernten. Die Welt muss geschlossen den Feind bekämpfen und endlich das Feuer der Hoffnung neu entzünden. Nur wenn wir die verderbten Wurzeln ausreißen, wird der Baum des Bösen endgültig fallen. Sie schreien Vernichtung und wir müssen ihnen geben, wonach sie verlangen. Ein Menschenleben ist das kostbarste Gut der Erde, jedes Menschenleben! Doch als sie sich für Grausamkeit und Mord entschieden haben, haben sie sich gegen ihre Menschlichkeit entschieden. Jedes erlöschende Lebenslicht ist ein Stich ins Herz der Welt, doch lieber die schmerzenden Stiche in Kauf nehmen, als dass das ganze Herz ins Dunkel fällt. Lange genug litten wir unter Krieg und tollkühnem Hass. Es liegt an uns allen, Frieden zu stiften.

Die Wende einleiten

Der Wendepunkt Gezeiten ist erreicht,
zu lange nahmen die Bedrohung leicht.

Zerstörungswut steht blind vor unsrer Tür,
je öfter man es hört, fragt man: „Wofür?".

Das Maß ist absolut und völlig voll,
sie zahlen lassen den verdienten Zoll.

Als EINE Stimme müssen wir es sagen,
wie beim gesunden Geist ihr könnt es wagen!

Das Feuer wir mit Feuer nun bekämpfen,
sie leiden lassen unter heißen Krämpfen.

Wir lassen sie den Schmerz der Toten spüren
und werden sie vor wahren Richter führen.

Sie sollen sich nun zeigen ihrem Gott,
und gnadlos ernten seinen schallend Spott.

Die Ablehnung soll ihre Seele splittern,
in Ewigkeit sie einsam solln verbittern,

ganz lieblos die Unendlichkeit erblicken,
das Muster des Versagens zeitlos stricken.

Die Engel sie mit schwarzem Pech begießen,
in Sünde ewig brennen, nie zerfließen.

Die Einigkeit wir endlich nun verwenden,
auf keinen Fall noch weiter Zeit verschwenden,

nun alles in das Ziel zu investieren,
das Wahnsinn weiter nicht wird existieren.

Auf dass der Wendepunkt sich zu uns wendet
und unsren Seelen, heilend Troste spendet.

Das Licht der kalten Tage

Die kalten Tage, nun sind sie zurück,
der warme Sonnenstrahl in weite Fern gerückt.

Die lange Dunkelheit drückt das Gemüt,
von nobler Stadt zu ländlichem Gestüt.

Da heißt es, stetig Abhilf dir zu schaffen,
sich auch im tiefsten Dunkel zu dem Lichte raffen.

In dieser Zeit uns spenden Träume Licht,
sie geben uns in trüben Tagen klare Sicht.

Ach tausend Lichter schmücken jeden Ort,
die süßen Düfte treiben Kälte und den Schatten fort.

Die sonderbare Stimmung füllt uns sämtlich Gassen,
in diesen Tagen fällt es schwer zu hassen.

Ein tiefer Glaube wurzelt in die Zeit,
er hält für uns die Freude, Liebe, Hoffnung stets bereit.

Und dann liegt vor uns ein bedecktes Land,
solch makellose Schönheit selten man gekannt.

Die Welt gekleidet rein in Weiß,
versteckt so alles dreckige Geschmeiß.

Magie des Landes trägt dich weit davon,
bei solchem Zauber eine heiße freudig Träne ronn.

So steuern Wunder dieser kalten Tage,
uns zur alljährlichen Jahrhundertsage.

Es steht geweihte Nacht an dieser Tage Höhepunkt,
ein jeder von den zahllos Träumen, Wünschen unkt.

Am Ende eines langen Jahres steht der Überfluss,
nicht voll Moral und dennoch ist ein Muss.

Die schnelle Welt laugt täglich aus,
besinnlich Ende nimmt das Tempo raus.

Die Seele kann nun endlich einmal selig ruhn,
wir können voller Herzenslust es lassen oder tun.

Es ist Magie der einzigartig Zeit,
die Welt hält sie in jedem Jahr bereit.

So mindestens den einen Grund zum freuen,
wir brauchen Fortschritts Zeit nicht immer scheuen.

Es wird es immer wieder versuchen

Fliehe! Duck dich! Spring zur seit!
Mach was du willst, bist nie bereit.
Immer dann, wenn alles gut sein kann,
kommt es dazwischen, kriegt dich ran!
Es ist die verschmähte Geliebte in Reinkultur,
so oft es möglich, kotzt sie betrunken in den Flur.
Manchmal ist es kaum mehr zu fassen,
das Leben kann es einfach nicht lassen.
Knüppel für Knüppel steckt's in die Beine,
völlig okay, wenn da mal jemand weine.
An Grausamkeit ist es kaum zu übertreffen,
behandelt dich wie des Onkels lästigen Neffen.
Ziel ist, dich gänzlich zu zermürben,
wenn es könnte, würde im Schlaf dich würgen.
Das Leben ist der Bastard deiner Reihen,
man möchte den ganzen Tag toben und schreien.
Es wird stets versuchen, dich zu vernichten,
so sehr, das du nicht erwähnt wirst in kleinsten
Geschichten.
Nimmer lässt es dich zur Ruhe kommen,
selbst wenn du bist der Fromme der Frommen.
Rastlos jagt es dich in aller Welt,
schlägt zu, wann immer es gefällt.
Müssen uns mit aller Macht gegen stemmen,
auch wenn wir uns manchmal selbst nicht kennen.
So schlimm es auch ist, steh wieder auf
und gib der Hure von Leben kräftig eins drauf.

Liebe, die Zweite!

Vom letzten Mal zu jetzt, was haben wir gelernt?
Haben uns stets von unserer Natur entfernt.
Ist es doch die Lust du uns im Innern treibt.
Wächst unaufhaltsam an, bis sie uns zu Kopfe steigt.
Pulsierender Drang schießt uns in die Lenden,
ob Mann, ob Frau, werden uns wieder und wieder dem
Liebesspiel zuwenden.
Die Geschichte hat dem Mensch die Treue gegeben,
macht sie doch sehr langweilig das Leben.
Wenigstens in jüngeren Jahren, musst du es wagen,
viele Menschen zu beglücken, nicht an einem zu
verzagen.
Koste jeden Tropfen heißer Liebe voll Wollust aus,
bist du erst alt, bist aus dem tollen Spiel du beinah raus.

Traum

Bin mit meinem Geist, so häufig verreist,
konnte so fliehn, in neue Welten ziehn,
wusste zum Glück nie, wo lag mein Ziel,
wollte es nimmer versäumen, zu träumen,
dort sind wir frei, haben der Wünsche drei,
dort bist du selbst, dir immer gefällst,
jene Welt, die sich für dich stellt

Zorn in Zeilen

Ein Feuer brennt in deiner Seele, Obacht, dass es nicht deine Vernunft dir stehle. Jenes Feuer reicht dir unendliche Kraft, plötzlich man alles schafft. Klingt doch eigentlich nicht so verkehrt, müsste man denken, doch niemand auf unserer weiten Welt kann solch Kräfte lenken. Der Zorn ist zügellos in seinem Treiben, er reiht dich ein in der Titanen Reigen. Zudem kommt er so unvorbereitet und schnell, wütendes Feuer im schwarzen Fell. Er blendet und du kannst deinen Weg nicht mehr sehen, lässt du ihn führen, wirst in einer Sackgasse du stehen. So oft bietet unser Leben dem Zorn in uns ein Bett, nistet sich ein in unserem Blute, Fleisch und Fett. Manchmal tun wir einem Menschen grollen, meist weil sie etwas haben, das wir wollen. Wir sind so dumm, das uns solch Unsinn tangiert, doch ist Schuld der Zorn, der uns zu kleinen Kindern mutiert. Doch das Leben kennt auch Situationen die sind weniger banal, sie foltern uns, sind grausamste Qual. Dies ist der Fall wenn ein anderer hat unsere Ehre gestohlen, so gebietet uns der Zorn ihm sein Gesicht zu versohlen. Doch eigentlich ist es Unfug unsere Hände an jenen zu beschmutzen, ihre größte Strafe ist, dass sie der Gesellschaft kaum nutzen. Denn wer in der Lage ist, einem anderen Schaden beizubringen, der muss wohl schon beim erhitzen von Wasser mit der Anleitung ringen. Doch gibt es einen Zorn der ist kaum banal zu nennen, ich bin mir sicher ein jeder wird ihn kennen. Ob wir Nachrichten sehen oder etwas auf unserem Wege, ob nun Kriege wüten oder jemand beim entscheiden für Menschen zu träge. Der Zorn der entsteht, wenn das Unrecht der Welt seine Fratze zeigt, dafür sorgt das sich unser Frühstück wieder nach außen neigt. Gerade dieser ist unbedingt ernst zu nehmen, denn all die Dinge die falsch laufen gerade darauf zählen. Er ist dann die Triebfeder die uns zwingt einzuschreiten, jener Zorn hilft uns die falschen Geschehnisse auf rechteren Weg zu geleiten. Lass deinen Emotionen an diesen Stellen freien Lauf, denn andere schauen weg zuhauf. Hier brauchen wir ihn letztlich auch nicht kontrollieren, denn hier wird dein Zorn den Sieg über stürmendes Chaos zieren.

Was nun?

Liebe Freunde nun ist es wohl soweit,
möglicherweise werden die Worte nun seicht.
Grad habe ich keine Ahnung was ich schreiben soll,
mein Verstand ist mit anderen Gedanken voll.
Für morgen steht zum Beispiel ein Einkauf an,
wie komm ich nur ans nötige Kleingeld ran.
Zudem beginnt der Pfand Babel zu imitieren,
er will wohl meine Herrschaft intrigieren.
Überlege einfach den Pfand zu tauschen,
dann könnte ich auch etwas kaufen,
doch überlege ich zu lange, was und wie,
wegbringen tu ich ihn wohl erst mal nie.
Es ist nötig meine Gedanken zu streuen,
nicht wegen jenen leeren Flaschen reuen.
So beschließe ich, mir etwas feines zu kochen,
haben meine Hände doch schon länger nicht nach
Zwiebeln gerochen.
Feuer auf die Töpfe, Öl in die Pfanne,
brate das Fleisch volle Kanne.
Vernehme den süßen Duft von Zwiebeln und Speck,
mag gar nicht dran denken, den späteren Dreck.
Doch hilft es, meinen Geist zu leeren,
das prasselnde Fett kann meine Einfälle mehren.
Mein Mahl ist letztlich gut bereitet,
nun wird wieder das Wort begleitet.

**(wieder einmal ist Zeit für einen Hauch von Humor,
der Lebensfreude großem Tor)**

Als ich zum Mann wurde

Es folgt ein verrückte Geschichte,
die gab mir ein helles Lichte.
Es war eine lange Nacht,
bin mit einer Dicken ins neue Jahr gekracht,
sie war die erste und auch die letzte,
zu jenem unheilvollen Neujahrsfeste.
Nach ihr, da war mir sowas von klar,
ich komm lieber einem Gleichen nah.
Dennoch fand diese Episode statt,
natürlich gab es Getränke satt,
im Schimmer einer wilden Feier,
da kreiste sie um mich, wie ein Geier,
nahm mich ungebremst ins Visier,
ich dachte sie wandelt sich zum Stier.
Leider entfaltete der Schnaps seine Wirkung,
wir gingen über in heftige Flirtung,
schnell drückte sie mich an die Wand,
schob mir ihre Zunge rein bis zum Rand,
erst schmeckte es nach Nikotin,
dann konnte der Wodka nachziehn,
unnötig zu erwähnen, das mir jede Hemmung fehlte,
diese Erfahrung meine Persönlichkeit stählte.
Irgendwann war die Feier dann aus,
ich weiß nicht mehr warum, doch ich nahm sie mit nach
Haus.
Lieber widerlich als wieder nich? War mein Gedanke?
Um Gottes Willen, Libido ist eine Schlampe!
Was folgte führe ich nicht näher aus,
komme lieber gleich zum Ende raus,
wir waren fertig, ich musste dringend duschen,

mein Gedanke: Hoffentlich kommt sie schnell in die
Puschen!
Ich floh so schnell ins Bad, dass ich nicht checkte,
dass ich immer noch im Schutze steckte,
ich legte ab und ließ ins Porzellan es gleiten,
über diesen Einfall lässt sich freilich streiten.
Das Ende vom Lied, mein Bruder fand dann die Reste,
von jenem rauschenden, glorreichen, grausamen Feste,
Spott und Gelächter brachte es mir ein,
das Jahr so frisch und ich fühlte mich wie ein Schwein.

(und nun wieder zum Ernst des Lebens)

Oh Alkohol du böser Geist

Es ist im allgemeinen wohl bekannt,
das so mancher sich am Alkohol verbrannt.
Ich wünschte davon könnt ich mich ausnehmen,
dann müsste ich mich mancher Tage nicht grämen.
Ab und an vernebelte ich mir die Sinne,
ein fließender Schleier wie heißer Zinne,
er umfing mich und lenkte mich fort,
es war nicht möglich ein einziges grades Wort.
Ein Schwall von Stuss verließ meinen Mund,
bei dem Geseier lauscht nicht mal der Hund.
Aber Kinder ich sage euch im Vertrauen,
am Tag danach solltet ihr einfach nach vorne schauen.
Denn was manchmal in jenen Nächten passiert,
sonst später voll Scham im Herzen grassiert.
Und um euch zu zeigen, dass auch das Schlimme geht
vorbei,
erzähl ich euch was, auf dass jeder mir verzeih.

Es begann, wie es mit den Freunden häufiger begann,
die eine oder andere Flasche nahmen wir ran.
Das zog sich so eine ganze, lange Weile,
zwischendurch stand ich auf, wünschte mir Seile.
Ich spürte ein Schwanken unter meinen Füßen.
Halli Hallo, der Hopfen lässt büßen!
War die Decke schon immer an meinen Füßen?
Oder tat der Boden gerade von oben grüßen?
Sicher war ich mir zu der Zeit nicht mehr,
doch das interessierte dann auch nicht sehr.
Bald war uns der Keller in dem wir hockten zu leer,
an diesem Abend da wollten wir mehr.

Schnell war in der Runde entschieden,
lassen wir den Höhepunkt woanders sieden.
Die nächste Party war dann unser Ziel,
ich muss gestehen, ab da weiß ich nicht mehr viel.
Das Folgende stützt sich mehr auf Berichte,
quasi meine eigene, doch fremde Geschichte.
Auf jener Party zog schnell Ungemach herbei,
da wollte mich jemand reizen, welch Sauerei!
Ich ließ mich in meinem Wahnsinn treiben,
so konnte ich denjenigen schnell vertreiben.
Ich war nicht unbedingt sehr Stolz,
dass meine Vernunft im Safte dahin nun schmolz.
Doch mein Sieg über den ungehobelten Proleten
hatte meinen Hochmut ein wenig zum Tanze gebeten.
So war ich an jenem Abend allgemein sehr keck,
wer da vor mir stand, interessierte mich einen Dreck.
Irgendwann trug ein Mann dann leider Uniform
und mein Auftreten weckte seinen tobenden Zorn.
Hier will ich euch noch etwas wichtiges sagen,
jene Bullen zu reizen, sollte man nicht wagen.
Ein jeder von denen spießt dich sofort auf,
wenn du so einen siehst, dann besser lauf.
Jedoch war mein Begehr die Konfrontation,
was nun kommt ihr ahnt es wohl schon.
Den Rest der Nacht lag ich nicht in meinem Bett,
man muss schon sagen, so eine Zelle ist nicht nett.
Zudem wird man morgens zu früh geweckt,
und allgemein von bösen Blicken erschreckt.
Zudem tut einem auch noch das Kreuze weh
und die reichen dir nicht mal ne Tasse Kaffee.
Was aber noch viel schlimmer ist,
scheiße war Oma angepisst,

als sie morgens um halb sieben zur Wache kam,
versank mein ganzes Dasein in glühender Scham.
Ich stellte mir die Frage: Würd ich es wieder tun?
Gott, ja!! Sonst würde meine Seele nie ruhn.
Nur wenn wir uns auch mal von Zwängen befreien,
unseren Drang zur Welt raus schreien,
dann sind wir voll im Leben,
müssen gelegentlich der Unvernunft den Vorzug geben.

Mein großer Traum

Ich weiß es ist nur Utopie, doch den Glauben daran verliere ich nie. Wir Leben in einer dynamischen Welt, die nicht immer jedem gefällt. Doch sie hat in ihrem Kern großes Potential, dumm nur, dass der Mensch es stahl, indem er selbst sich seiner Macht beraubte und nicht mehr an das Gute im Leben glaubte. Die Welt, sie kann eine Form erreichen, dort können wir alle Unzufriedenheit streichen. Feuer und Wasser werden in Symbiose durch die Ebenen gleiten, haben keinen Grund sich weiter zu streiten. Ein glänzender Mantel aus Purpur und Gold, er legt sich um das Antlitz der Welt so hold. Ich wünschte wir ließen Gnade walten, so könnten wir die Welt in Frieden gestalten. Ich wünschte, ein jeder würde in seine Seele blicken, und einen Lichtstrahl der Einsicht hinaus in die dunkle Welt dann schicken. Jeden Tag müssen wir neue Meldungen verbreiten, die das Existieren des Guten so gnadenlos bestreiten. Schamlos werden wir von Spielern im Hintergrund an der Nase geführt, es scheint, jene mächtige Lobby ist von Leid niemals gerührt. Die einfache Frau, der einfache Manne, so träumte ich, steht mit allen anderen geschlossen auf. Und wir ändern des Schicksals momentan kreisenden Lauf. In neuer Freiheit und neuer Gleichheit werden wir unser Dasein Gründen, mit lauter vereinter Stimme von einer neuen Zeitrechnung künden. Ich träume schon so lange von jener neuen Welt, die uns allen gehört und gefällt.

Jedem das Seine

Ich hab meins,
du hast deins,
wir sind alle eins,
niemand denkt nur an seins,
keiner hat keins,
sogar der Heinz,
ich schenke euch meins,
aber will niemand seins,
nicht mal der Heinz,
es ist eines der reins,
aber auch meins?,
rein ist auf jedenfall seins,
auch das von Heinz?,
bin mir nicht sicher aber immerhin kenn ich meins,
doch am liebsten hätte ich deins.

Der Horm

Geboren im Feuersturm, entsandt aus dem Götterturm, kommt er mit Wucht in unsere Mitte, ändert schlagartig jede alte Sitte. In ihm wohnt ein einziger drängender Wille, dass er seine fruchtbare Saat in den Schoß der Welt fülle. Er will seine schändlichen Gedanken in alle Lande tragen, so will er zum Leitbild werden in allen Lagen. Leider können wir ihn nicht sehen, selbst wenn er wird neben uns stehen. Er wird lediglich leise in dein Ohr flüstern, so wirst du eitel, stolz und lüstern. Sein Einfluss ist fesselnd und wird nicht brechen, pangenial verseucht er alle Flächen. Er wird jegliche Vernunft dir rauben, verführend mit süßen Trauben. Er stiehlt dir dein Herz und deinen Verstand, selbst im Spiegel wirst du nicht mehr erkannt. Wenn der Horm kommt, dann ändert sich dein Leben, hat er dich, so wird er dir seinen schwarzen Kusse geben. Der Horm, er ist die Urgewalt, dessen Schrei durch alle Welten hallt. Nur wenn der Horm sich selber ändert, dann der Rahmen seiner Handlung sich neu rändert.

In der Arena des Blutes

Es ist Wahnsinn der uns treibt! Lange hätte man dies noch verneinen können, doch im Blickpunkt der aktuellen Situation ist dies keinesfalls mehr möglich. In einem Höllensturm versinken alle menschlichen Ideale. Wir sind nun gezwungen uns selbst zu fragen, ob wir noch länger unseren Blick von der Not der Welt abwenden wollen. Immer mehr Menschen verfallen einem verheißungsvollen Despotismus, der ihnen all jene Dinge verspricht, vor allem Anerkennung, die ihnen ihr perspektivarmes Leben zu verwehren scheint. So ist es nicht verwunderlich, dass sie ihre vernunftgeprägten Lebensmaxime über Bord werfen und sie eintauschen gegen den Wahnsinn einer fehlgeleiteten, hasserfüllten Generation. Sich an moralisch wertvolle Grundsätze zu binden, ist nun mal schwer. Sie fordern Disziplin und die Akzeptanz, dass das Leben kein Selbstbedienungsladen ist, sondern eine Arena. Dies mag martialisch klingen, doch sind es wir selbst, die entscheiden, in welcher Arena wir um den Sieg ringen. Wir könnten jene wählen, die all die selbstgerechten Fanatiker auch wählen. Jene im Kampf um Leben und Tod, wo Brutalität und Heimtücke vorherrschen. Sie erfordert keinen Sinn und Verstand, sie lebt vom blanken Hass und der Naivität der radikalisierungswilligen Massen. Niemals, so scheint es zumindest, werden sie den anderen Streitplatz aufsuchen.

Hier strebt der einfache Mensch nach den höheren Dingen unserer Welt. Gewissenhaftigkeit und Anstand bestimmen eine jede Handlung. Hier werden verstandesbasierte Kämpfe ausgefochten. Ein Sieg kann hier Wahrheit bedeuten. Es ist ein Hort des Lichts und des Lebens, der, wenn er geachtet wird, ein Signal in alle Landen senden kann. Doch momentan kann man sich nur schwer des Gedankens erwehren, dass jene Arena vorerst geschlossen scheint. Der regierende Wahnsinn treibt alle in der blutigen Arena des Todes zusammen, wo wir von einer dreiköpfigen Hyäne gerichtet werden. Ihr Fingerzeig ist stürmendes Chaos, ihr irrer Blick geht tief ins Mark und ihr tosendes Gelächter hallt durch alle Zeiten. Immer wieder zeigte sie ihre fanatische Fratze im Laufe der Jahrhunderte. Wie sollen wir uns nur gegen diesen sinnlosen Wahnsinn wehren? Wie können wir die Arena des Gewissens in neuem Glanz erstrahlen lassen? Es ist die Pflicht jedes einzelnen, die eigene Sinnhaftigkeit seiner Existenz zu prüfen. Wir dürfen nicht eher ruhen bis die ganze Welt in strahlendem Licht versinkt und alle Menschen sich mit tiefgehender Achtung voreinander begegnen. Wir müssen all jene zum Schweigen bringen, die unsere Welt mit brennendem Hass zu zerstören gedenken. Seid stark im Angesicht der drohenden Vernichtung und wir werden den Wahnsinn aus unserem Dasein verbannen und unsere Existenz auf den Pfad des Gewissens zurückführen.

Der Kern

Der Mensch ist stets gekleidet fürs Bankett. Seine äußere Form ist adrett. Sein Betragen ist reserviert und gezeichnet von äußerster Präzision, dass er jemals aus seiner Rolle fällt, wer glaubt das schon. So glatt, entschwindet er jeder Unebenheit, doch nach ständiger Kontrolle regiert auch die Geistlosigkeit. Haben wir uns immer in unser Kostüm gezwungen, so gehen wir, am Ende unserer Tage, gebrochen und gedrungen. Was man so kaum ahnt, ist das, was direkt darunter liegt, wenn man sich nicht ständig zwingt, es manchmal obsiegt. Es ist ein erster Hauch von Individualität, der direkt unter dem zu engen Kragen steht. Es ist ein kleiner Freibrief, den wir uns alle selber geben, so können wir auch mal Spaß haben in unserem Leben. Er gestattet uns ein wenig verwegen zu sein, Küsse zu stehlen im Mondenschein. Er lässt uns den Schalk im Nacken sitzen, sodass wir in Situationen auch mal schwitzen. Er lockert das Blatt vor unserem Munde und so erfreuen wir die Welt mit manch wahrer Kunde. Letztlich entfernt er die Blockade aus unserem hinteren Teile, dadurch ein jeder etwas lockerer durchs Lande eile. Doch dieser Hauch bleibt letzten Endes nur ein Hauch, beim kleinsten Anzeichen von gesellschaftlichem Zwange vergeht er in Rauch. Um uns des wahren Menschseins zu bedienen, müssen wir Dinge tun, die sich nicht geziemen. Müssen tief in uns greifen, bis wir den Kern erreichen. Auf jener Ebene herrscht nur unsere wahre Natur, gegen Zwang und Kontrolle kennt sie stets eine rechte Kur. Sie ist das Tier, das in unseren Herzen wohnt, doch fast immer die Vernunft über ihr thront. So tritt sie unglaublich selten zu Tage, da niemand es wage, sich nach außen trage. Dabei ist ihr Anblick von unerreichter Perfektion, wenns danach ginge, gehörte einzig ihr der Thron. Sie ist pure, zügellose Emotion in reinster Form, sie folgt keiner universellen Norm. Sie ist das absolute Chaos, dass unsere Seele spiegelt, der Mensch fürchtet sich, weshalb er sie im Kern verriegelt. In ihr wohnen Liebe, Leidenschaft und Lust, Trauer, Wut, Zorn und Frust. Es gestaltet unseren tiefsten Kern, wenn Ich sich fürchtet, sieht Es nicht gern. Ich kommt für Es zu normal daher, im Gegensatz zu Es benimmt Ich sich sehr. Und überm Ich, da ist es einfach trist, setzt überm Ich doch immer eine Frist.

Macht

Es ist nicht die Länge des Verses, die seine Wirkung
zeigt,
es ist sein Inhalt, vor dem sich die Welt verneigt.
Ein einz'ges Wort kann schon reichen
und wir sehen die Welt im Feuer verstreichen.
So unterschätze niemals auch nur ein einz'ges Wort,
denn jedes kann sein, für unseren Untergang, ein Hort.

Hoffnung

Die Welt, sie steht in schwarzen Todesflammen,
vergießen Tränen die, die sie ersannen.

Die Angst erfüllt mein arm geschunden Herz,
das alles wirkt wie grausam, eitler Scherz.

Die dunklen Tage werfen Schatten aus,
bereiten Geiern ihren Leichenschmaus.

Doch meine Hoffnung halte ich am Leben,
ich werde unsre Welt niemals aufgeben.

Im Zentrum des Lichts

Ihr alle, die ihr so verängstigt seid,
nicht wisst, was neuer Tag euch hält bereit,

das Chaos unsrer Zeiten nur noch sehen,
und unter ständig Druck des Lebens stehen,

die voll Angst schon Wahnsinn sich erblicken,
den Hilferuf in falsche Richtung schicken,

nicht wissend, wo sie schließlich hin gehören,
mit ihrer Urangst alle Ordnung stören.

Hört auf, euch diesem Wahnsinn zuzuneigen!
Lasst mich euch eine and're Richtung zeigen.

Da ist ein Ort voll tröstend, zartem Licht,
der ist so nah, ihr glaubt es sicher nicht,

ja jener Ort, er ist in euren Herzen,
verdeckt ihn nicht mit Angst und alten Schmerzen,

entdeckt ihn, freut euch seiner salbend Heilung,
dort ist Gewissen, gibt euch neue Peilung.

Fallt nicht auf jene Fremdverführer rein,
ich bitte euch schaut in euch selbst hinein!

Wut im Bauch

Da ist etwas, das erfüllt mein Innerstes mit brennender Wut. Täglich türmen sich Not und Verzweiflung immer weiter auf. Ich muss mich fragen, wie es nur soweit kommen konnte. Die Zahl der Radikalen steigt stetig an. Es macht mich so unendlich wütend, dass so viele Menschen so dumm und unvernünftig sind. Ihre Ignoranz ist ein Meer voller Intoleranz in dem das Schiff der Aufklärung längst untergegangen ist. Hier nun, im Rahmen einer etwas aufgeklärteren Moderne, scheinen sie wie Schiffbrüchige aus einer gänzlich anderen Welt. Grundlegende Ideale von Nächstenliebe und Respekt sind universell und wer sie nicht erkennen und anerkennen kann, kann kein echter Mensch sein. So sind jene Schiffbrüchige emotionslose Monster, die wie kleine Kinder alles zertrampeln, was andere aufgebaut haben. Nicht umsonst gibt es jene die flüchten und andere die zügellos wüten. Die Flüchtenden sind noch Mensch geblieben. Sie ließen sich nicht blenden. Ihr Schmerz, ihre Trauer und ihre Wut gegenüber den brandschatzenden Horden, ist ihr Zeugnis von absoluter Menschlichkeit. Sie sind Brüder im Geiste. Doch werden sie mit Ablehnung versehen und werden mit grausamster Verachtung gestraft. All das erzürnt mich, was falsch geht in unserer Welt. Während sich viele mittlerweile vollends vor der Realität verstecken, versuchen einige sie zu beschönigen. Wir müssen die Welt im Lichte der Wahrheit besehen um endlich ihre Probleme zu verstehen!

Momente

Kennst du sie?
Oder hattest du sie noch nie?
Momente voll positiver Energie,
dann, ich voll Freude in die Sterne zieh,
das wärmende Gefühl es kann alles gut werden,
eine wohlige Decke, die sich um dich legen kann, bis
zum sterben.
Sie geben Gewissheit in schweren Tagen,
und könnten dich sanfter Weise über Abgründe tragen.
Er pflanzt sich als Kleinod in deine Seele,
nur er selber den Zeitpunkt seines Erscheinens wähle.
Doch wenn er dann in deinen Körper fließt,
eine Fontäne vollen Glückes in deinen Geiste schießt.
Wie Strom durchströmt dich freudige Spannung,
er versetzt dich voller Dämpfe in Wallung.
Schätze die Momente, wenn sie kommen,
sie scheinen so selten, dass sie deine Seele erklommen.

Ein Präsent

Am Anfang steht ein kleiner Gedanke,
der sich um den anderen ranke.
Mit Sorgfalt denkt man lange nach,
es dauert nicht lang, da liegt dein Verstand brach.
Etwas zu finden, das wirklich gut passt,
sodass man nicht diese Chance verprasst,
einem anderen eine Freude zu bereiten,
voller Erfolg den Feiertag zu bestreiten.
Hier scheidet sich der Gewissenhafte,
von dem den Ungeduld dahinraffte.
Zu wenig haben sie überlegt,
es scheint sie haben keine Liebe gehegt.
Für den, den es zu erfreuen galt,
und nun liegt zwischen ihnen ein Spalt.
Es ist der, der Zeit sich nimmt,
dem jene Freundschaft nicht verrinnt,
denn sein Gedanke war ganz durchzogen,
von inniger Freundschaft sanften Wogen.
So kann jener kleine Gedanke,
ein Halt sein, für den der wanke.
Weil er einen Freund auf seiner Seite weiß,
der sich für ihn in jede Bresche schmeiß.

Der Baum des Bösen

In dieser Welt es etwas existiert,
dessen Bestehen jede Untat ziert,

Gewächs, dass uns der höhnend Schatten brachte,
uns stetig nach dem innern Guten trachte,

ein Baum mit pechschwarz, ölig, altem Stamm,
die blut'gen Blätter, mit dem Sturme stramm.

Ja dieser Baum ist alles was uns treibt,
wenn unsre Seele sich gen Schatten neigt.

Denn seine Wurzeln reichen bis zum Grund,
und wo er wächst, er scheuert alles wund.

Die Wurzel infiziert dir Herz und Seele,
die größte Freude wenn sie uns nur quäle.

Und wenn wir nicht verhindern, dass sie wächst,
sie schließlich in den Abschaum uns verhext.

Ist jener dunkle Punkt erst mal erreicht,
ist unser Herz im schwarzen Stamm geeicht.

Die Rinde ist zwar nur die dünne Schale,
doch ist sie ganz befleckt mit dunklem Male,

sie lässt uns die Gelegenheit erkennen,
wie wir in das Verderben fröhlich rennen.

Doch dass wir es auch wirklich mit uns tun,
damit hat schließlich nur der Stamm zu tun.

Verderben sein speist sich aus purem Hass,
sein Holz davon getränkt, so gänzlich Nass.

Das Mark des Stammes düsteres Begehren,
Betragen wird Bösartigkeit verehren.

Doch tückisch ist er so noch lange nicht,
besorgt erst seine Krone, ach so dicht.

Mit Blut hinauf, es ragen seine Blätter,
sein Antlitz wirkt um vieles doch uns netter.

Die kleinen Biester es in Wahrheit sind,
voll Intention ganz gleich des Satans Kind.

Und sie sind zügellos, unkontrolliert,
ein jedes schneidend mit dem Wind rotiert,

verletzt ein jedes immer auch das andre,
von tiefer Mitte hin zum äußerst Rande.

Verdammt sie sind auf ewig doch zu bluten,
aus Schmerz heraus sie wollen dich verfluchen.

Die Blätter säuseln sinnlich wie die Dirne,
das Wort im Wind umfängt dich mit dem Zwirne.

Vernebeln dir auf ewig deine Sinne,
dass niemand jemals mehr dem Netz entrinne,

so lockt der Baum dich freundlich näher ran,
stehst du vor seinen Wurzeln, bist du dran.

Und dann, die Wurzel schießt in deine Richtung,
sie bohrt ins Herz, und sorgt für stet Vernichtung,

sein Gift strömt dann zuerst in deine Seele,
und so der Baum dir die Vernunft dann stehle.

Und nun ist endlich lauernd es soweit,
er hat dich für das Böse jetzt bereit,

von innen bist du sträflich nun gefangen,
vom Gift der Finsternis so lang befangen.

Der einzig Kampfe gegen diesen Baum,
ihn fern halten aus unsrem tiefen Traum.

Denn nur wenn wir sein säuseln ignorieren,
dann wird das Gute in uns triumphieren.

Familiensache

Nicht nur in der Welt bin ich einer von vielen,
auch in der Familie hatte ich stets viele zum spielen.
Fünf Brüder und eine Schwester darf ich mein eigen
nennen,
so viele Namen manchmal kann selbst ich sie nicht
kennen.
Jan, Julius, Jonas, Marie, Jerome und Joshua,
jene Menschen sind stets für mich da.
Gekrönt wird dieser bunte Haufen,
von unserer kleinen lieben Gerda,
der traurigste aller Tage wenn sie nicht mehr da.
Zum Glück kam dieser Tag noch nicht gedämmert,
doch wie drohendes Unheil er stets in mein Herze
hämmert.
In unseren schwersten Tagen fing sie uns auf,
sie hielt im Lichte unseren Lebenslauf.
Das höchste Gut ist ihre bedingungslose Liebe,
manchmal wünschte ich, dass sie Wurzeln in die ganze
Welt triebe.
Eine ewige Ode stimmt an mein gerettetes Herz,
wird erst verklingen im allerletzten Schmerz.
Hier, jetzt, für immer und vor allem heute,
schwöre ich auf meine tolle Meute.
Wir haben alle die schwere unseres Lebens angenommen,
ein jeder hatte bis jetzt den höchsten Gipfel erklommen.
Meine Familie, jede Familie ist ein Halt in unserer Welt,
sie verhindert, das keiner dort ganz zu Boden fällt.

Erdbeben

Die Erde zittert und die Grundfesten wanken,
Rauch steigt aus dem Boden, über den Dingen die wir
einst kannten.
Panische Mengen irren chaotisch durch brennende
Trümmer,
bis in die Ferne dringt das von Leid durchtränkte
Gewimmer.
Niemals mehr werde ich diesen Tag vergessen,
an dem einige Menschen waren so vermessen,
unsere Welt in ein grausames Armageddon zu
verwandeln,
uns in absolute Anarchie zu stürzen mit ihrem Handeln.
Verantwortungslosigkeit zeichnet aus ihre Tat,
nun wird er unermesslich teuer, der gute Rat.
Im Feuer unseres Leichtsinns haben wir unsere Welt
verbrannt,
haben uns in unserer Selbstsicherheit glorreich verrannt.
Wir haben versäumt die Bedrohung ernst zu nehmen,
die Wahnsinnigen aufzuhalten in ihrem Streben.
Jetzt scheint es schon fast zu spät den Feind zu besiegen,
müssen ihn mit Sinn und Verstand solange bekriegen,
bis seine Existenz auf diesem Planeten endet,
und unsere Zukunft sich wieder zum Guten wendet.

Der umschließende Reim

Und jetzt, ihr Freunde, muss was einfach sein,
etwas das nimmt dich sanft in seinen Arm,
verzaubert deinen Geist und hält dich warm,
ihr wisst, es geht um den genannten Reim.

Um Worte legt er schützend seine Hände,
und festigt die Struktur der innern Verse,
das Äußere die bindende Traverse,
Konstrukt ist Schönheit bis zum schließend Ende.

So, jede Wand, kann seine Kraft versprengen,
sein Inhalt kann ein Feuer neu entzünden,
in aller Welt von neuer Wahrheit künden,
kann alle Menschen auf Veränd'rung drängen.

Und doch ist er im Kern unendlich zart,
umspielt mit grünem Zauber deinen Geist,
und trotzdem reizend und so dringlich Dreist,
zieht dich in seinen Bann so eisern hart.

Es ist der all umschließend blanke Reim,
ein Wunder eines alten neu Verstandes,
der Meister eines eignen großen Landes,
für neues Licht der treibend, helle Keim.

Die Kunst des Nichtstuns

Komm ich heut nicht, komm ich morgen,
käm ich gestern, heut gestorben,
stört die Arbeit meine Ruh,
wink ich im Vorbeigehn zu,
will das Leben, dass ich tu,
schwind ich einfach fort im nu,
läuft es dann dir hinterher,
tu so als siehst du nichts mehr,
tu so als könntest nicht hören,
wird dich niemand weiter stören,
ist das Beste stellst dich dumm,
bittet dich niemand mehr drum,
dass du ihm zur Hand gehn sollst.
Du dann völlig sinnlos schmollst,
hast gelernt du nichts zu tun,
nimmer wird die Seele ruhn.

Wenns nur so wäre

Wir werden König sein,
wenn unser Herz ist rein,
wenn wir nicht mehr erliegen schnödem Schein,
wenn wir verpflegen der Moral beschützend Hain,
wenn wir beachten der Vernunft entlegen Schrein,
wenn wir voll schätzen unser pur Dasein,
wenn wir nicht gehen andren auf den Leim,
wenn wir befinden, Hass ist nicht sehr fein,
wenn wir gewillt sind Änderung zu sein,
dann werden wir in neuer Welt ein König sein.

Barbara

Barbara,
bist meinem Herz für immer nah,
Barbara,
und bis zuletzt warst du mit aller Kraft noch da,
Barbara,
wenn an dich denk, das Bild ist stets ganz klar,
Barbara,
du warst die Edelmütigste, dich ich je sah,
Barbara,
ja deine Liebe war so ehrlich, wahr,
Barbara,
für mich bist du auf ewig da,
Barbara,
heut Nacht ich dich in Träumen sah,
Barbara,
dort sah ich es ganz klar,
Barbara,
ein Denkmal für die Größe deiner Welt ich sah,
Barbara,
in ehrner Pflicht, es anzufertigen, mich sah,
Barbara,
die Worte wie ein Fels, nun stehn sie da.

Der Kreuzreim

Auch dies, es musste einst geschehen,
dass Kreuzreim wollt geschrieben werden,
ich konnt ihm auch nicht widerstehen,
das Kreuz das Paar muss hier beerben.

Sich ineinander tief verflechten,
es wird sich Vers um Vers verschmelzen,
dass sie den Sinn für uns erbrächten.
Sich unverstands in Unmut wälzen.

Geschrieben sollt er sauber sein,
nicht abgehackt und schlecht verknüpft,
dann wird er vom Verständnis rein,
und auch dein Herz vor Freude hüpft.

Das Kreuz steht für das Heilige,
das Zeichen für das ewig Licht.
Genuss ist nicht für Eilige,
ist zeilenweise eine Pflicht.

Ein Pulverfass bedroht den Humanismus

Dieser Tage ist es schwer zu glauben, dass unsere Welt und unsere Gesellschaft noch lange überleben werden. Ob man nun den Fernseher oder das Radio einschaltet oder im Netz unterwegs ist. Oder vielleicht sogar die guten alten Printmedien konsumiert. Die Negativmeldungen scheinen schier endlos. Man nimmt an, dass nichts schrecklicheres mehr kommen könnte. Das Leben jedoch findet immer wieder einen Weg uns noch tiefgehender zu erschüttern. Täglich werden wir mit unsäglichem Leid hunderttausender Menschen konfrontiert und müssen trotz alledem funktionieren. Machtlos müssen wir mit ansehen, wie sich die Lage immer weiter zuspitzt. Eine Lösung der grundsätzlichen Probleme scheint nicht möglich und so kann nur notdürftig geflickt werden. All das treibt uns in die Enge und einige Menschen fangen an die Mitte zu verlassen. Man kommt nicht umhin festzustellen, dass sie radikaler werden und das der Weg, der eingeschlagen wird uns an ein Ende führt, wo Humanismus und moralische Grundsätze zu eingestaubten Groschen-Romanen verkommen sind. Uns bleibt dann nur noch, unsere einstmals freie Welt zu Grabe zu tragen. Der soziale Sprengstoff den diese Zwickmühle beinhaltet wird unsere Gesellschaft bis an die Grenzen ihrer Belastbarkeit bringen. Wir dürfen nicht zulassen, dass diese schweren Zeiten uns den Glauben an Mitgefühl, Nächstenliebe und kultureller Offenheit nehmen. Nur wenn wir mit vereinter Stimme dem Hass den Kampf ansagen, nur wenn wir die Fahne des Humanismus gemeinsam stützen, werden wir verhindern können, dass böswillige Intentionen die

Oberhand gewinnen. So bleibt mir schließlich nur, einen flammenden Appell an alle zu schicken. Bleibt mutig und stark gegen alle die aus Furcht brennenden Hass schmieden und vergesst nicht, dass alle Menschen auf unserer Welt ein Recht auf Frieden und Freiheit besitzen und dass wir all jene zum Schweigen bringen, die Frieden und Freiheit gefährden.

Eine gute Tat

Wie Schnee im Sonnenlicht geht so gehen auch wir
und wenn wir gehen, lassen wir meist nichts hier
doch das lebendige Leben weigert sich
bis du etwas da lässt treibt es dich
heiße Sporen streicheln deine Flanke
das wilde Tier jagt dich mit seiner Pranke
so fordert das Leben seinen Tribut
dass ein jeder sein Gutes tut
wer verweigert solche Tat
dem das einsame Ende naht
und wenn die Sonne dann kommt
dein Leben sinnlos verronnt

Sanfte Seele

Diese Arbeit soll nicht nur den Sturm kennen, der Inhalt soll auch Sanftmut sein Eigen nennen. So ist der Inbegriff von Sanftmut die menschliche Seele, zerbricht schnell, wenn man nur ein wenig verfehle. Sie bildet das Gleichgewicht, das uns Gesund erhält, das ein schöner Tag als gut für dich gelt. Sie sorgt dafür, dass wir gesunden Verstandes unsere Zeit bestreiten und nicht den Clown auf dem Sturme rückwärts reiten. Sie kann uns erlauben unsere Gefühle zu sortieren, dass wir nicht jemand anders in guter Laune mit Zorn flambieren. Und wir können so einiges für unsere Seele tun, dass sie in sanftem Gleichgewicht kann ruhn. Sollten vor allem in schweren Zeiten nah bei uns bleiben, keinesfalls darf solche Phase uns von uns selber wegtreiben. Wenn wir beginnen dies zu gestatten, dauert es nicht lange bis wir den genannten Clown begatten. Dann wird unsere Seele ins Ungleichgewicht stürzen, die klaren Phasen werden sich verkürzen. Bis sie vollends auseinanderbricht, und wir verlieren alle Sicht. Dann beginnt sie den wilden Tanz, geschmückt mit blutigem Kranz. Niemand wird uns wiedererkennen, geschweige denn Freund uns nennen. Wir werden dem Irrsinn verfallen, und unsere eigene Stimme wird nur noch dumpf in unserem Verstand widerhallen. So achte stets auf die sanfte Beschaffenheit deiner Seele, passt du nicht auf, du sie dir selber stehle. Diese einzigartige Schneeflocke, so Beinflussbar vom Wind, ist voller Unschuld unser innerstes Kind. Doch fürchte dennoch nicht, wenn sie mal bricht. Das Licht des Kerns auch diese Nähte sticht. Und Sanftmut wird dir widerkehren, das Licht des Lebens kann dich immer ehren.

Bewegungsdrang

Ich habe einen großen Plan,
vertreiben meines Körpers Tran,

dazu hab ich ein Ziel gesetzt,
ab heute wird mit Macht gehetzt,

so lange lag ich faul im Fett,
die Hüften süß umspielt von Mett,

ich wurd es schließlich grausam Leid,
den schmalen, schlanken golt mein Neid,

an einem Punkt wurd mir dann klar,
als eine schleichend Schnecke sah,

das Leben ist ein Marathon,
die best Idee hab ich gewonn,

den Marathon ich werde laufen,
mich mit dem Schweinshund kühnvoll raufen,

nun lauf ich beinah jeden Tag,
und hab gemerkt, dass ich es mag.

Will ohn Bewegung nicht mehr Leben,
im Tanz des Laufens alles geben,

wenn ich im Ziel dann endens stehe,
den alten Dämon fliegen sehe.

Wir haben doch keine Zeit

Das Leben ist zu schnell geworden,
sind kaum geboren, schon gestorben,

wir haben vollends es vergessen,
das Leben mit Genuss zu essen,

es wär so wichtig, dass wirs tun,
dann können wir auch einfach ruhn,

der Seele die Entspannung gönnen,
mit voller Kraft nun gehen können,

doch wird das Leben nicht gestatten,
es scheucht uns seitwärts wie die Ratten,

wir hetzen stets von A nach Z,
und schnell es treibt ins letzte Bett,

wir haben einfach keine Zeit,
des Zeigers Ticken, ewig Leid.

Frühlingsgefühl

Das Leben sprießt an jedem Tag von neuem,
es wird den letzten kühlen Tag nicht scheuen.

Aus langem Schlaf erwacht die alte Welt,
ein süßer Sturm schläft in dem erden Zelt.

Der Frühling rührt in unsren Herzen auf,
verlieben tut das Leben sich zuhauf.

Ist alles aufregend und gänzlich neu,
ein Jeder sich auf neue Tage freu.

Der Sturm, er wühlt in deinem gierig Herzen,
zu Tage fördert alle Lüste, Schmerzen.

Was alles Winter dir vergraben hat,
nun bist du hungrig, pochend, nimmer satt.

Sommerlüftchen

Der Sturm und Stille hier in Waage,
ein jeder Glück im Herzen trage.

Die stetig Sonne wärmt Gemüt,
mit ihrer Hitze förmlich glüht.

Wir denken nicht an dunkle Tage,
kein Schatten unsre Seele nage.

Wir treiben fort in sanften Wellen,
und gehen über kleine Schwellen.

Doch diese Zeit kennt stets ihr Ende,
das Feuer geht in deiner Lende.

So müssen wir uns vorbereiten,
den abgekürzten Tag bestreiten.

Herbststurm

Die süße Luft ist schließlich nun am Ende,
Der Wind bläst bitter in die blauen Hände.

Sie klammern sich an letztes, warmes Licht,
Versuch, er schmerzt die Hand wie alte Gicht.

Wir wirbeln mit den Blättern wild im Wind,
sind planlos wie ein kleines, dummes Kind.

Und einzig bunte Farben schaffen glauben,
der Sturm wird uns die Zuversicht nicht rauben.

Doch die Erkenntnis lässt sich nicht vermeiden,
dass irgendwann wir aus dem Leben scheiden.

Doch vor dem Ende tobt ein bunter Sturm,
vollbringen großes, bis zum tiefen Turm.

Wintergrab

So dunkel scheinen uns ja seine tristen Tage,
erbarmungslose Kälte die uns täglich jage.

Das Licht macht sich am Tage doch unendlich rar,
die Existenz des Grabes wird nun grausam wahr.

Der wilde Sturm ist zwar nur unstet noch vorhanden,
und doch wir wissen nicht wo wir dann letztlich landen.

Welch Triebe ach so finster in Gedanken sprießen,
die auch den Muntersten zu meist verzagen ließen.

Doch wohnt dort auch die absolute, sanfte Ruhe,
für ein besonderes Ereignis feste Truhe.

Sein Sarg, er kennt jedoch nicht nur das kalte Ende,
die grüne Neugeburt in graue Welten sende.

Der Drache

Die Schwingen zeugen von der größten Macht,
und thronend auf dem Gipfel hält er Wacht.

Er schläft im Innern, Jahre ohne Regung,
und doch er kennt genau die sein Umgebung.

Nur mancher merkt, wie schreiend er erwacht,
nicht jeder darf erleben seine Macht.

Auf eine Art sie könn sich glücklich schätzen,
die Zähne nicht an ihrer Seele wetzen.

Doch spüren sie auch nie das heiße Wüten,
den eigenst Schatz vor aller Welt zu hüten.

Sind jene, die dann spürn wie er erwacht,
es brennt, wie Feuer in der düstren Nacht.

Schlägt Sturm aus Asche der gebrannten Seele,
sein innerstes sich dann nach außen kehre.

Wie Herbststurm wird der Drache aus dir wüten,
du wirst zur Tobsucht aus den alten Mythen.

Es braucht, bis Drang des Drachen ist gestillt,
doch dann, du bist zum Frieden stets gewillt.

Ein Sturm muss irgendwann sein Ende finden,
sonst werden wir in Dunkelheit uns winden

und wenn das Ende ist noch nicht der Fall,
du gehst in Mitten eines hohen Wall,

der dich in bälde ganz und gar umringt,
des Drachen Lied von Einsamkeit dir singt.

Triumphzug

Für lange Zeit, Bemühungen gedauert
so viel Verlust auf unsrem Weg betrauert,
Die Unzahl Leiden drohte Niederlage,
doch zogen weiter, ob zu Fuß, im Sarge.

So baute oft sich hohe Spannung auf,
immenser Druck stieg auf die Seele drauf,
so oft wir drohten zu zerbrechen,
zu guter Letzt wir konnten uns doch rächen.

Wir holten eines schönen Tages aus,
finaler Schlag, des Feindes einer Graus.
So musste er sich letztlich eingestehen,
dass gegen uns er konnt nur nieder gehen.

Er zieht darauf zurück in tiefer Schande
und unser Sieg verbreitet sich im Lande.
Bei aller Freude brauchten wir Gemach,
mit Freude spürten, wie der Druck ließ nach.

Wir Atmen dann gelöst in tiefe auf
und folgen später Feierns trunken Lauf.

Liebesspiel

Ich stand im Wald auf einer unbekannten Lichtung
und ein bezauberndes Geschöpf in meiner Sichtung

dort zwischen blühender Natur und strahlend Sonne
da brachte mir die mein Entdeckung größte Wonne

die kühle Brise dort umhaucht mein sehnend Herz
sie segnet streichelnd mich mit Freude und auch Schmerz

mein Schritt nach vorn jedoch ist seiner stets zurück
mein Fuß er kommt ja doch nie näher dran ein Stück

man ziert sich noch vor neuem Wissen unsrer Lust
wir strafen hämmernd uns mit zehrend tiefem Frust

der Ast er fürchtet noch den fremden blanken Ast
wirkt ruhlos und in seinem Geiste ohne Rast

mein Blick verwebt sich jener strahlend frechen Züge
mit Fesseln dass der Ast den Ast nicht mehr belüge

und schließlich passt der zarte Schritt sich doch noch an
ein Junge wird auf einer Lichtung blühnd zum Mann

der Liebreiz und die Wollust feuern in die Sinne
das Hallelujah singt mit seiner Engelsstimme

die Stäbe unsrer Macht in sich pulsierend Pracht
sie stehen gegenüber sich in freudig Wacht

und die Berührung ist wie Explosion der Zeit
Ekstase uns verschlingt in die Unendlichkeit

und auf die Lichtung fällt ein warmer salzger Regen
Entdeckung neben mir im feuchten Gras gelegen

Kneipengeflüster

Ein großer Teil der Nacht ist längst vergangen,
bisher, wir tranken, feiern, lauthals sangen,
der Enthusiasmus ging dann fort jedoch,
die Zeit schritt fort, wir fielen in ihr Loch.

Im Scheine der Laterne drängten wir ins Bett,
doch trafen wir die eine Bar, war recht kokett,
ihr Schleier zog mit Bann in unseren Verstand,
und schluckte uns, wie jede Wüste durch den Sand.

Dann ins diffuse Treiben einer alten Welt
wir kauften blindlings ein uns mit dem letzten Geld,
wir wollten recht entschlossen auch nur kurz verweilen
um zu verhindern neuen Tages lang enteilen.

Die kleine Welt die trunknen Schrittes vorn uns steht,
dort eher einfaches und schwafelndes meist geht,
doch dann im dumpfen Treiben all der torkelnd Leute
wir fanden noch das Licht der reich umnachtet Meute.

Die alte, beinah schon verwelkte Blume,
dort sitzend, klammernd an das letzte Blatt,
sie hauchte Wissen ein, der blühend Blume,
ihr Hunger nach dem Leben niemals satt.

So tanzten Zeiger stetig auf der Zeit,
der neue Tag war längst dann doch bereit,
da endete ihr Licht des Wissens dann,
ging alles heim, ins Bett ich endlich kann.

Und freilich ging den Weg ich auch allein,
so dicht kann jener Schleier doch nicht sein.

Abkürzungen

Am liebsten steh ich immer gleich im Ziel,
von Wegstrecke ich halte nicht zu viel,
schon immer steckt in meinem Geist ein Maß an
Ambitionen
doch bisher konnten diese sich nicht lohnen.
„Der Weg ist unser Ziel?"
Ich halte davon einfach nicht sehr viel.
Ein Weg kann ja nicht anders als beschwerlich sein,
da find ich Abkürzungen schon recht fein,
sie sparen mir unendlich Zeit,
das hält für wichtigere Dinge dann bereit.

Oh man! Ich finde Abkürzungen gut,
vor solch gar nützlich Dingen zieh ich meinen Hut.

So freute ich mich lange, wenn ein Stück des Wegs ich
sparen konnte,
in eitlem Sonnenschein ich ewig mich schon sonnte.

Doch wie man nun schon ahnen konnte, hielt dies nicht
für ewig,
denn niemals wär das Schicksal zu dem Menschen dann
so gnädig.
So ließ ich meine Füße jeden Meter spüren,
sie taten wie geheißen, ohne viel Allüren,
vom Spring ins Feld, zum Wandersmann,
so kriegt es alle uns nun einmal dran.

Küssen?

Will nicht sagen hören, ein Bestreben war existent
will nicht sagen müssen, es war deine Schuld
will nicht hören sagen, dass jemand dein Scheitern kennt
will nicht hören wie dein Sagen bekennt die Schuld

Will nicht sagen müssen, Viktoria steht meiner Sicht zur
Seite
will nicht hören, dass Unheil brachte deine Handlung
will nicht hören dein Leben ist pleite
will nicht hören von der vernichtenden Wandlung

Will nicht immer mit dem Zeigefinger sagen
will lieber Freude hören sagen
will nicht deine Reste tragen
will lieber es mit uns wagen

einen Beweis deiner Liebe erstehlen
uns mit heißem Speichel quälen

Schenke mir des innigen Kusses Versuch
sonst ereilt uns Versäumnisfluch

Im Sinkflug begriffen

Die Welt im Feuer einer sterbend Sonne dir verbrennt
dein aufgewühlter Geist die ungeahnte Ruhe kennt

Wenn eitles Trachten in den Hintergrund so leis gedrängt
und Flamme jedes Strebens sparsam in der Urne brennt

Wenn Wölfe ein zum friedlich Nachtmahl mit den
Waldfeen laden
und alle Bäume dort ihr rötlichst Abendkleid sich tragen

Wenn unsre Sinne fort, weit hin in alle Sterne fliegen
in der Realität die kalte Stagnation am siegen

Wenn wir zur süßen fleischlichen Befriedung uns bald
betten
die müden Fenster die so knarren, mit der Schließung
fetten

Wenn wir nur wissen, das der Zyklus sich nun neigt dem
Ende,
beginnt von vorn das Warten auf die strahlend warme
Wende

Phönixgestirn

Der sterbend Nacht folgt auch ein junger Morgen
entschwindend aller Düsternis besorgen

Voran stürmt nun der neue Tag
und Schwingen breiten funkend aus
beerdigend das Alte nun im Sarg
der Phönix bricht dann schreiend aus

Der Sonnengott zieht starre Bahn
und jedes Sandkorn ist gekostet
die Spanne zittert wie im Wahn
bis Horizont zum sterben rostet

Des sterbend Tages folgt die höhnend Nacht
der Phönix fort, die Eulen halten Wacht

Schlusssturm

Im federnden Gestirn der schwarzen, kalten Welt
es reisen stumpf Gedanken wie von dumpfem Holz
Das Gitter Thanatos umfängt das Himmelszelt
mein Sturm wie Stein im tiefen Innern letztlich schmolz

Beginnt ein Branden gegen kahle Wand
und jeder Schritt raubt endlos deine Kraft
so sehnend forsche ich nach warmem Sand
und schmeckend in der Wehmut Göttersaft

Ja jene Wonnen sind nur Schein des Dämmerschlaf
ein Trug betrügt den hellen, weiten Blick
was trüb im fallend Sein, wird nimmer scharf
der Lauf der Dinge sich versandet dort im Schlick

Lichtstrahl der die Ketten sprengt
heimführt in dein wahres Feld
Schatten seiner Wurzel bald versengt
Vorhang sich zum letzten Aufzug wellt

???

Verweilend mich im Auf und Ab der Zeilen
ich werde weiterhin in deren Strudel noch verweilen

Ich sehe weiterhin sich ewig ändernd Dinge
und meine Neugier wächst unendlich an
so bleibt dass ich das Lied euch singe
so lang mein Herz dies noch mal kann

Bleibt bei mir in der ewig Dunkelheit
wir halten weiter für den Streich uns hier bereit

Schritt 3
Nachdem man Brot gekostet hat

Brief an mich

Ich weiß, du hast gezweifelt, so sehr an dir gezweifelt. Ich weiß, du hast einen schier unendlichen Schatten gesehen. Ein tiefer Schmerz wohnte in deiner Seele, der es dir Verbot die Freuden deines Daseins zu spüren. In einem Nebelsturm aus Angst und hemmender Unsicherheit hast du Gelegenheit um Gelegenheit vorüberziehen lassen bis du drohtest an der vermeintlichen Chancenlosigkeit zu zerbrechen. Du wähntest ein Brandmal auf deiner zerschlissenes Uniform des steten Versagens und fühltest wie jeder Blick ein Stich in jedes zarte kleine Gebilde von keimendem Selbstbewusstsein war und jeder gefundene Mut entschwand sogleich wieder. Wie verrottet Holz triebst du im Fluss der Zeit dahin, ohne wirklich zu wissen, wer und wo du warst. Doch bald du hast das Brot gekostet und seinen fleischgen Samen, der dort wachse.

Noch keine weißen Tauben

Dies richtet sich doch nicht an Religion
dies richtet sich doch nicht an bloße Farbe
dies richtet sich doch nicht an eine Narbe
dies richtet sich an keine Komission

Dies soll niemand hören der im Wahne rennt
dies soll niemand hören der die Tauben stört
dies soll niemand hören der auf Chaos schwört
dies soll niemand hören der des Krieges brennt

Dies soll nicht sehn das taube Kind
dies soll nicht sehn der eitle Pfau
dies soll nicht sehn der sich nicht trau
dies soll nicht sehn das blinde Rind

Dies soll nicht lesen albern Kropf
dies soll nicht lesen bogen Balken
dies soll nicht lesen jener Alten
dies soll nicht lesen jammernd Tropf

Dies soll nicht laut lesen stumm ein Feigling
dies soll nicht laut lesen schweigend Lamm
dies soll nicht laut lesen stolzer Kamm
dies soll nicht laut lesen Ärgerling

Dies ist nicht bestimmt für faulen Apfel
dies ist nicht bestimmt für flugs Baron
dies ist nicht bestimmt für wen denn schon
dies ist nicht bestimmt für zankend Apfel

Dies ist kein Text für faules Fleisch
dies ist kein Text für ewig Leugner
dies ist kein Text für ewig Träumer
dies ist kein Text für faul Geschmeiß

Dies richtet sich an jenen wahren Mensch
dies richtet sich an den der sprechen kann
dies richtet sich an den der hören kann
dies richtet sich an den der weiter kämpf

Dies soll hören der Vernunft versteht
dies soll hören der auf lichten Pfaden wandelt
dies soll hören der den Inhalt nicht verschandelt
dies soll hören der stets aufrecht geht

Dies soll sehn der keinen Schleier brauch
dies soll sehn der Wert erkennen kann
dies soll sehn der nicht die Wut ersann
dies soll sehn der widersteht dem Rauch

Dies soll lesen die verständig junge alte Frau
dies soll lesen der nicht bare Münze nimmt
dies soll lesen der im Strudel nicht verrinnt
dies soll lesen der beständig Mann von blühnd bis grau

Dies soll laut lesen der die Tauben kennt
dies soll laut lesen wer das Brot gekostet
dies soll laut lesen der nicht eingerostet
dies soll laut lesen wer nicht Zeit verrennt

Dies ist bestimmt für unser helles Licht
dies ist bestimmt für den Olivenhain

dies ist bestimmt für jenen ewig Schrein
dies ist bestimmt für unsren tapfren Wicht

Dies ist ein Text für mutige Verfechter
dies ist ein Text für die Olivenzweige
dies ist ein Text für den, der Sanftmut zeige
dies ist ein Text für deren Weisheit Pächter

DIES IST EIN SCHREI FÜR ALLE OHREN!
DIES IST EIN EIN WORT FÜR ALLE ZUNGEN!
DIES IST EIN BILD FÜR ALLE BLICKE
DIES IST DIE SAAT FÜR WACHEN GEIST!

DIES IST NUR FÜR WELTEN MENSCHEN!

Des Friedens lichte sanfte Wogen sollen fordernd euch durchwehen
dass alle ehrenwerten so mit allen Kräften FÜR IHN STEHEN!

Geisterzellen

Was bisher meinen Geist bewohnte, ihn nur sperrte,
von morgens bis zum Abend lang in meinen laut
Gedanken sich verkehrte,

das sperr ich nun in tiefe, ferne Zellen,
der Ängste sprudelnd Quellen.

Bedeutungslosigkeit ist all verrauchend,
mein Herz so hallend jauchzend,

so schleudre ich den einsam Schlüssel fort,
zerbrechend trüben Schatten hier mit jedem Wort.

Und jede Letter soll ein Wächter sein,
lässt keinen Schaden raus noch rein.

Müdigkeit

Wenn rastlos Schlaf dir ist so reich beschieden
und Sonnenaufgang mehr dem Abend gleicht
und deine Ruhstatt dir kein Wasser reicht
dann wirst du dich im Wachen dir bekriegen

Ein Ringer dir den Kopf zu Boden zieht
ja deinen Geist aufs harte Bodenholz
verkümmert zusehns dort dir deinen Stolz
bis schließlich alle Hoffnung endlich flieht

Und ist sie schließlich ganz in dich gebettet
wird man von Fehlern nimmer mehr gerettet
und Schleier decken schwimmend deinen Blick

so zitternd wie die Flocken hoch im Sturm
sich schlängelnd durch den Tag wie solch ein Wurm
doch Geist halt oben dir mit steif Genick

Denn eines Tags erwacht ein neuer Morgen
im Sonnenstrahl verbrannt sind alle Sorgen

Oxymoron

Aus hölzern Hitze wird der kalte Stahl geschlagen
des Abends wird das lebend Fleisch zur Ruh getragen

In drückend Enge weite Ränke dir geschmiedet
in kriegend Landen meiste Hetzer doch befriedet

In weiblich Schönheit wird des Mannes Kraft geboren
im Sammelwahn der Biene, Polle fort gestoben

Der trockene Verstand entspringt dem feuchten Schoß
pulsierend Leben setzt dem Herz den tödlich Stoß

So kann das Feuer nicht ohne das Wasser sein
der Teufel nicht ohne den prunken Götterschrein

In Sternenfeuer gefangen

Wie Sternenfeuer blendet ihre strahlend Mähne,
mir mein Verstand und suggeriert eine Idee.
In Heiterkeit mein Herz es schmiedet neue Pläne
und so entbrennt mein Feuer, schmelzend allen Schnee.

Ich will dir widerstehen, doch das eine weiß ich,
du bist zu stark für meiner Sinne leichten Stand.
Ich kann mich einfach nicht erwehren gegen dich,
so sehr entzügelst du mir meinen alten Brand.

Hinfort! Will ich dir ständig mutig sagen, so,
dass ich allein in deiner kühlen dunklen Nacht,
verweile, davon über alle Maßen froh.
Denn ich verließ sie endlich, deine strenge Wacht.

Doch risse mir die Ferne heiß und tief ein Loch,
ganz nieder mir in meine kleine brustne Truhe
und ich will willig opfern dir, wie einst Van Gogh,
denn diese Ferne stiehlt mir meine kleine Ruhe.

Und Wein mir mundet traurig trocken, ganz so wie
die graue Asche auf dem ausgebrannten Feld.
Ich zügle also meinen Zorn wie hörig Vieh,
und stehle die Vernunft des Geistes dieser Welt.

Kann nicht voran, ich komme nicht genug weit weg,
von dir doch endlich eilig zu entfliehen, und
erkenne dann, es hat doch einfach keinen Zweck,
du lässt mich liegen hier im Dreck, so eitrig wund.

Gesalbter Baldachin des schön gefleckten Strahl,
so purpur leuchtend, tröstend Himmel kann mich salben.
Und Nektar von den Wolken denen du so prahl,
nimmt fort den brennend Schmerz zumindest mir im
Halben.

Und irgendwann, der Schorf verwächst mir zum
Vergessen
und klammert mir zur Festigkeit die juckend Haut.
Nun schließend mein Betragen doch, war so besessen
und meine Welt wird endlich wieder hörbar laut.

So wandelnd freu ich mich der emsig fallenden,
ach süßen Wolken Perlen, und das Bild entschwindet,
von deiner Sternenhaare, feuerwallenden.
Und Herz, ach meines, diese Ferne nun verwindet.

Doch Blick, nur einer deiner, tosend mich zerreißt,
der Schorf ist wieder fort und elendig ich blute,
in endlos strömen und dein Blick er mir verheißt,
des Geistes ewig deine lüstern, saftig Knute.

Spiralsonett

Im Kreise windend es beginnt zu tanzen
und langsam auch zu pochen, du vergehst
dann schwankst du und siehst zu wie du noch stehst
und schließlich sinkt es zu den toten Wanzen

geht fort nun jeder Halt dir schnell und fern
und lassest du dann zweifelnd los und spürest
der Hals erdrückt, vom Kloße dich verführest
du spürst den Mord und nimmst ihn dankend gern

Von oben dann kommt zitternd dir das Dunkel
das zitternde zieht leise nach Gemunkel
in Fall und Schwindel dreht es heiter dich

so tiefwärts, ohn auch nur das kleinst zu stoppen
dein Herz gemahln zu steinern feinem Brocken
und dein Mut dir schreiet laut: Zerbrich!

Spirale kann doch aber aufwärts drehen
musst nur an ihres richtig Anfang stehen

Winterflut

Brandend Wellen kalten mir mein Herz so schäumend
ihre Gischt so schäumend mir in meine Seele
und sie spülen mir den Frost in meinen Wille
Zittre, kalt! zerfließend, ach ich zittere

Meine Wärme fort, mein Schrei nicht hitzig bäumend
Rosa meiner Haut sich nur noch bläulich quäle
kalte Steine feuernd mir mit höhnend Zwille
Flut, sie treibt ihr böses Spiel ich wittere

Urvertrauen hält die Wärme bei mir, räumend
schaffe Platz, das Kälte mich doch lieber stähle

Grundprinzip

Im Zentrum pocht die Energie
in Ästelungen strömend, quillt
die Jugend schäumend dort wie nie
und dir den ewig Hunger stillt

Nur Zeit versiegt den sprudelnd Quell
und Aas stopft dir die Leitungen
Verfall sich in dir ein bald stell
und bald auch wenig Weisungen

Im Kreislauf es pulsiert die Macht
und jede Runde wird sie seichter
es schließlich kommt die letzte Nacht
und gehen wird dir endlich leichter

Lebendiges, Maschinerie
sie lernten lange voneinander
Symbiotisch lebende Magie
und helfen sich im Takt einander

Von kleiner Zelle letztlich hin
zum einen großen stillen Baum
Es alles im Prinzip verrinn
und einzig bleibt der leere Raum

Das schluchzende Schwein

Zur Schlachtbank führte man das Schwein,
von Knüppelschlägen prall sein Schinken.
Voll Hohn, Gelächter dröhnt das schrei'n
und ein Schafott zeigt ihn zur rechten oder linken.

Von überreifem Bodenschatz er wohl bedeckt,
es ruht sein Kopf auf hölzern Grund.
Die Masse sie vibriert und hofft, dass es verreckt
und letzte Hoffnung flieht aus seinem roten Mund.

Hinfort dann geht er mit dem losen, kalt Genick,
unter Applaus, seinen Verstand verlierend.
Der Henker wittert schon sein Brot.

Rubine röten Schweines letzten Blick,
die toten Fenster winseln stierend.
Und die entfesselt Menge, ach sie tobt

Brot im Herzen   (für Pablo)

Wenn Brot voll Sturm ins graue Leben keimt
und seine Triebe sich der Wollust wenden
das Seelenleben voll von Pulsschlag weint
und Sonnenstrahlen dann im Norden enden

So purpur, mohnfarben dann geht sie fort
und alle Nachtgeister verzückt sie jauchzen
der strahlendste von ihnen, nennt sich Lord
beinah vor Wahnsinn tollkühn er am jauchzen

so kost ich zu Beginn die zähe Rinde
die jungen Tage fühlend gleich dem Kinde
und schließlich angelange ich zur Mitte

In fleischger Gier verzehr den zarten Kern
entrücke ich der Welt so herrlich fern
und richte fortan an mein Brot die Bitte

Ein schöner Gedanke

Ist der Zyklus wieder einerlei so Grau
und der vorige erscheint sein scheußlich Zwilling,
ist sein Antlitz kratzend, so unendlich rau
letztlich droht dann dir auch noch ein böser Drilling.

Ach und wenn du nicht mehr länger weißt warum
deine Beine heute noch im Leben stehen,
wenn dein blasser Geist, so träge wankt herum,
dass dann deine Augen nur die Hälfte sehen,

dann ist wahrlich dir die nötig Zeit gekommen,
dass du jenes Karussell im Schrei verlässt.
Schön und neu Gedanken in dein Herz erklommen,
Seele tropfend voll von Balsam dir durchnässt.

Ein Gedanke, dir die Freude zahm zu knechten,
sie in deinen tief Verstand mit Ruck zu stürzen.
Wird er dort mit deinem dunklen Schatten fechten
und das Balsam salzig dir mit Leben würzen.

Ist das Wissen um die unsre alte Welt,
die dich zu erfreuen stets und ständig wagt.
Ist das Feuer droben dort im Sternenzelt,
unsern blanken Kummer schallend fort verjagt.

Endlich du erblickst das Feuer im Zenit,
deine kalte Seele wird davon liebkost.
Dein Verstand birgt Licht in jedem Sollgebiet
und der lichte Schleier bringt dir zarten Trost.

Deine Hand erbebt in zitternd, eitlem Tanz
und Frohlocken bricht durch deinen tiefen Schorf.
Brot und Wein sie schaffen fröhlich edlen Glanz.
Alles Leid verscholln in hintren Waldes Dorf.

Reiße auf mit wütend Klauen dir dann deine
so gepresste röchelnd Brust und präsentiere
ganz der Welt dein so Geschundenes und weine,
dein ist dann das Mitgefühl, auch selbst der Tiere.

Regen tausend goldner Farben wäscht die Brust
und sein Segen ist so zärtlich streichelnd warm.
Spült er fort des Leibes elend drückend Frust,
du treibst federleicht im Wind wie träumend Farn.

Ein Gedanke, der dann deine Existenz der Eb'ne
wild entreißt; die Finsternis nun vor dir liegt.
Dort allein, bis kaum ein Leben dich noch segne
Wenn du nieder fällst, der alte Schatten siegt.

Ein Gedanke, gleich dem neuen Sternenfeuer,
tief er strahlt dir glühend in dein wundes Fleisch.
Und zerbricht das alte, tote Angstgemäuer,
bis dein Aug den sämtlich Blick aufs Licht erheisch.

Und wenn tobend See die Wellen tief in deine
Stirne schlägt; sich stets an deinen Ufern bricht,
nicht die Lösung, Salz in deinen Augen weine,
sei auf Licht der steigenden Gestirne bald erpicht,

spring in tosend Fluten, selbst wenn sie so grausam
kalt dein blutend Herz, sie gnadenlos umspülen,

eindringendes Salz allein dich macht so gleichsam
und der Schatten drohnder Berge wird sich wühlen.

Denn sie bauen sich hoch auf wie sterbend Wälle,
drohen so in stets Erwartung, dich zu stürzen.
Doch sind auch gespeist von lebend kleiner Quelle
und mit schlechtem werden deinen Mut sie würzen.

Mut der dich doch bis zum letzten Glockenschlag
auf der schwankend, stürzend Erde stehend lässt.
Und verhindert, dass dein Baum geht allzu karg,
weil durchwachsen tief und weit von blühnder Pest.

Finstere die werden dich zerfleischen, lassen
zweifelnd, bettelnd, wimmernd schrein um eine Hilfe.
Alles um dich rum jedoch es wird dich schassen,
nur der Tod wird bleiben, stets dein treu Gehilfe.

Lass nicht zu, dass dich die Wehmut schwer zerreißt
und du aufgebrochen dann im Sand versiegst,
nichts in dich hinein dein wackres Herz vereist,
du für alle Zeit in stinkend Unrat liegst.

Ein Gedanke, "Tausend-Farben-Explosion",
unnachahmlich dir das Leben neu beschreibt.
Hindert stark des Rostes stete Korrosion,
der Gedanke lang in deinem Herzen bleibt.

Ein Liebesknoten

Aus zarten Fäden fein gesponnen, Safranrot
es windet sich im Kreuz sein emsig langes Treiben
mit zarter Stimme Hauch er säuselt dann ganz lüstern
und legt sich wie ein Python dir um dein Verstand

tief stürzt er deine Hoffnung in die fesselnd Not
und tanzt um dich wie würgend stets vertäuschend
Reigen
und blank Entsetzen kitzelt fordernd deine Nüstern
dein freier Wille, er gerät zum Unterpfand

Gefühl der ewigen Verzweiflung dich umklammert
den Körper bis zum letzten Tropfen quetscht er aus
der Strudel schwindlig dreht dich tobend aus dir raus
Des letzten Mutes Tod wird letztlich noch bejammert

Die nackte Angst schnürt ihren Knoten um das dein
so schlotternd Herz; und keine Freude kann es mehr
erreichen; um die deine Zukunft trauerst sehr
Das Leben wirkt nur noch so grausam klein, gemein

Die Angst sie trachtet stets danach so restlos dich
ganz zu vernichten; bitte, ach, so hüte dich
dort ihre Arbeit ganz für sie dann zu verrichten
du musst entschieden dir die weisend Sonne sichten

Sie ist der Liebesknoten und sie gnadlos schnürt
dich scharf und gratlos dann von deinem Leben ab
mit Wasser und des Schimmels Brot dich hungernd
knapp

und dich zu erstem ahnungslos Verlierer kürt

Der Baum in meinem Zauberwald

Auf blühend Aue schwelgend, starre ich
des Himmels ziehend kleine Wattewächter
und plötzlich, schwelgend, so entschlafe ich
erwacht! welch Wald von unbekanntem Pächter?

Der Silberstaub hier schwängert süße Luft
es klingt wie Himmels sanfte Engelsgeigen
und jedes Unwohl leuchtend längst verpufft
auf meinen Lippen ruht nun ehern Schweigen

Wie süßer Wein betört sein Anblick mein'
von Liebreiz durchgetränkten müden Augen
mit seinem endlos scheinend, silber Hain
und alle Köstlichkeit will auf ich saugen

Doch Kurzweil, Hiersein nicht mit Sicherheit
in jenen Blättern legitim zu gründen
im Trost der Blätter stille Bitterkeit
bedrohend, heilig Hain in List zu zünden

Die Suche führt den Träumer hier heran
im Zentrum eigen Stämme sich zu finden
das Innere zum größten Baum ersann
um dessen Wurzel wieder dich zu binden

So schreit ich vor durch zarten Sommerwind
und spür sein Flüstern sanft auf meiner Haut
er zeigt auf einer Lichtung mir ein Kind
das in mir plötzlich auf mich nieder schaut

So zieh ich weiter in den bunten Blättern
berichtend mir von meinen sinkend Tagen
im tanzend Wind sie bilden süße Lettern
doch trau mich nicht, nach Antwort sie zu fragen

Und schließlich schneidet blau der sanfte Frost
mit bitterkalter Klinge ins Gebinde
zerfrisst wie Eisen mir von braunem Rost
hier fall ich, oder letztlich überwinde

Doch endlich dann aus Wirren kalten Sturms
entflieh ich ins gelobte blühend Land
im Zentrum Anblick eines hohen Turms
ein Anblick den noch nie ich hab gekannt

Im ewgen Frühling weilt hier mein Baum
sein blühend Leben tränkt ganz meine Venen
und dennoch kannt ich ihn bisher ja kaum
zu seinen Wurzeln gieß ich freudig Tränen

So Schwarz wie Ebenholz es ragt sein Stamm
ach endlos in den weiten blauen Himmel
ein weitre Träne meinem Blick entrann
fort galoppierend wie ein stolzer Schimmel

Aus Gold, Lianen schwangen triebig fort
und schmücken ihn mit zauberhaftem Glanz
die Früchte Feuer, Eis, sind hier und dort
so nimmt sein Antlitz ein, mich voll und ganz

und aus den Furchen seiner schwarzen Rinde
entbricht das fesselnd Licht, wie Sternenfeuer

auf dass das Licht die silber Blätter binde
und macht die Aufmachung so ungeheuer

Voll Majestät wohnt er in meinem Zentrum
und wacht über mein innerst kleines Land
erstaunt dort streune ich im Traum herum
in Tiefe seiner Wurzeln neu gebannt

Aphrodite meiner Nacht

Voll Sinnlichkeit und Lust, du fleischgeworden
Aphrodite,
sich deine Küsse mir mit flammend Zunge bald
entzünden,
die wartend pochend schäumend Lenden;doch nun ich
verbiete,
mir, deine tiefste Seele vorerst gänzlich zu ergründen.

Ich hätte wohl die große Angst, ich letztlich sicher wohl
nicht,
ich wüsste nicht ob mich ihr Baum denn freigeben dann
würde.
Mit Purpurlippen zart, sie ruft nach mir gleich dem
Gedicht,
ich schrieb es einst im Rausch für dich, sie sind die
größte Hürde

So kann ich einfach nicht umhin, dass ich doch nach dir
forsche
und mein Berühren schnell entschwindet weit in dunkle
tiefe,
besäumte Aue; fand dort eine Wurzel, keine morsche,
sie steht dort, feucht und süß, als Bach der blanken
Wollust liefe,

so scheint es; das der Saft der dieser Wurzel dann
entspringt,
ein lichter Nektar junger Blüten unsres strömend Lebens,
in sinnlich salzgen Tropfen meiner forschend Hand
entrinnt.

Und keine Wendung meiner sehnend Finger scheint
vergebens.

Ins wilde feuchte Dunkel stoßen tobend harte Wurzeln
und graben in den Furchen kraftvoll nach der still
Ekstase,
bis Nektar dann beginnt auf heiße Lenden uns zu purzeln.
Und Herzen wie der Kolibri in hohen Himmel rase.

Die Wellen unsres Glückes treiben uns durch bebende,
gestillte lustverkrümmte Leiber; und wir beide zittern,
wir fühlen uns wie singende, sind freudig Lebende;
dann folgt die grobe Angst, wenn wir den kalten Morgen
wittern.

Die Körper wie in Eden, sich in Lieb so weit umfassend,
sie ruhen in synchron beschlagend auf sich wartend
Herzen.
Mit Mündern heiße Liebesschwüre wir im Saft
verprassend.
In deinem Schoße mir zerrinnen meine alten Schmerzen.

Willst du nicht gehen, so brauch ich Gewalt

Nimmer scheints mir, willst du fort
mein müder Kopf, verweilst stetig dort

und immer blick ich in den Spiegel
mein trübes Auge meine Seele versiegel

so geschunden starren sie mich ewig an
spürte, wie in ihrem Schatten Freude verrann

Ich schicke dich fort, du kehrst zurück
ein Stein meine Seele so schwer erdrück

So lass mir endlich meinen eigenen Frieden
kann völlig frei dann Leben und Lieben

Geh! Ich scheue nicht tobende Gewalt
bis dein Gewicht im Vergessen verhallt

Sonnengedanke

Bei Sonnenschein, wenn junger Tag beginnt,
das Lächeln einen hohen Winkel schnell gewinnt.

So schreite ich durch blühend Leben,
will Blütenduft in meiner Nase Räume geben.

Und als ich meines Weges zog, entdeckte ich ein
bröckelndes Gemäuer,
so schritt ich stetig nah heran, die Steine schienen nicht
geheuer.

Das Moos, so grün, so massig, wild im Wuchs
und Treppe lud mich ein, mit Pech, der Tod voll des
Betrugs

Verwarf doch meine Zweifel und stieg sicher hoch hinauf
und oben angekommen macht ich meine Augen auf

Ein Meer von Freude und dem Leben wiegte sich im
Wind,
ich fühlte plötzlich mir mein inner freudig Kind.

Letzte Nacht

Ein Traum mit seinem finstren Gift
mein Schlummer vergewaltigt
voll Schrecken er ins Herze trifft
jede Befürchtung sich bestätigt

Ein Schatten mir im Kopfe hauste
und dessen Krankheit mich befällt
mit Krampf in meinen Körper sauste
und starre mich am Boden hält

So weinend um das Morgen trauernd
da lag ich wütend mir zu Füßen
mich endlos selbst im Zorn bedauernd
ich konnt in Düsternis nur grüßen

Zerstückelte so grausam mich
es riss mich scharf in alle Fetzen
in mir verselbstständigte sich
und lüstern suchte mich verletzen

Erwachen tat ich doch im Licht
und jeder Muskel weinend schrie
voll Zweifel lag sich meine Sicht
mein Stolz ging in die blutig Knie

Und wenn ein solcher knurrend Schatten
belauernd deinem Leben droht
dich senkt er zu den stinkend Ratten
er stürzt dich in die tiefste Not

Dann weißt du langsam es zu schätzen
mit Eifer in dein eig'nes Leben
der Zweifel selbst in seinen Fetzen
er nährt geläutert waches Streben

Wir haben Humor

Schillernd im Blitzlicht die trüben Augen,
voller Trübsinn sie zweifelnd stieren
jedes Quäntchen Beachtung saugen
in anderer Anerkennung verlieren

Man sollte mitleidig beten
für jene armen Geschöpfe
doch sie gehören getreten
hin an ehrliche Töpfe

Angefüllt mit Realität
dass sie wahrhaft handeln
und keiner Däumchen dreht
beim stumpfen wandeln

tragen tolle Titel auf dem Schirm
von Moderator bis Modell
doch prangt Geistlos auf der Stirn
für Unbeholfenheit ein Quell

Und wenn das Interesse vergeht
folgt dann Schmuckdesign
was gänzliche Unfähigkeit gesteht
voll Dynamik wie ein Stein

Widerwärtige Parasiten die befallen,
die Köpfe der großen Massen
sie folgen wie stumpfe Vasallen
es ist ein Konzept zum hassen

Ich hoffe alle finden ihr Selbst
ablassend von stumpfen Götzen
und diese sind dann auch sie selbst
staunend von hölzernen Klötzen

Man schimpft sie bekannt
und gibt ihnen Macht
sind außer Rand und Band
fern menschlicher Pracht

Mensch!

Ist es Farbe?
Ist es Nation?
Ist es Glaube?
Ist es Politik?
Ist es Macht?
Ist es Gesellschaft?

Nein, es ist Vernunft!
Nein, es ist Mensch!

Rosengarten

Die Rose, als die zärtlich, härtest Königin
steht weithin über allen dort im wilden Beet,
doch meine Rose stets als großer König geht,
denn nur mit prächtig Stiel voll Macht erfüllt mein Sinn.

Dort stille wandelnd durch den schier so endlosen,
ach bittren Garten einer lang verblühend Welt,
sich meinem Aug die alles quälend Frage stellt:
Wo ist sie denn, die meine unter all den Rosen?

In stolzer Anmut tanzend voller Charme im Wind
es drängen sich im Schein die schönen Exemplare,
doch keine einzige sich mir so offenbare,
ja voll Verzweiflung schrie im Innern mir mein Kind.

Bei lüstern duftend Schwall in blühend hitzger Sonne,
an einem Tag so bunt wie freudig alte Kunst,
versinkt nur meine Brust in muffig kaltem Dunst
und fern vor allem jede Rose, und auch Wonne.

Und überall die Atem raubend Augen liegen
so still und leis und fern in rosa zartest Blüten,
versprechen tief orgasmisch in mich dringend Mythen.
Und immer wollen meines Drangs Gelüste siegen.

Vernebelt ist mein ganzer meist vernünftig Geist,
von strammer Pracht des harten, fleischgen, süßen Stiel,
wo hinter Schalen es vermutet samend viel.
Mein Aug durch rosarote Götterschichten reist.

Ach all die prallen, so entzückend saftig Rosen
sie sollen ganz und gar entblättert bei mir liegen
und endlich Ruhe geben meinen drehend Trieben,
mir stillen meiner Brust gar furchtbar lautes Tosen.

Doch finde hier im Beet ich keinen sanften König
im endlos Bett der so gewöhnlich Königinnen,
nur manche Äste bald zu meinem Strauß gewinnen.
Scheint meinem schüchtern süßen Dufte niemand hörig?

Brief an dich

Ihr alle, wir, ihr, du und sie. Geht wandeln und feurig eifern. Erwehrt euch eurer Leidenschaft nicht. Geht euer Kern den rechten Weg, so geht auch eure Leidenschaft den rechten. Leidenschaft ist Leben und der letzte wahre, süße Schmerz einer künstlichen Welt. Ich bin verbrannt und erfroren. Ich wurde geblendet und in den Schatten getrieben. Es ist ganz gleich, welch Wendung dich erfasst. Spüre deine Füße fest am Boden, denn dort gehören sie hin. Richte deine Gedanken auf deinen Bauch, in deine Intuition, denn dort gehören sie hin. Flieh nicht! Halte stand und du wirst im größten Schmerze deinen größten Triumph erfahren. Und dann kostet es dich eine Träne. Ihr Salz wird brennen und du wirst Läuterung erfahren. Wir Leben von Emotionen. Unser Kern lebt von Emotionen. Alles führt in unsere Mitte, wenn wir dem Weg folgen und uns hier und dort treiben lassen. Der Weg ist weit, doch der Kern ist es wert.

Letzte Krise

Du Sturm, warst schon lange besiegt !?
Und wieder verätzt mich deine Fratze
glühende Augen eines sterbenden Sternes
die meine letzte Prüfung erheben

Sie dürsten nach meiner endgültigen Niederlage
und für Sonnenzyklen von Leben und Tod
versank mein Herz, klirrend vor Kälte
im tiefsten Abgrund eines eigenen Schattens

An jenem Ende so tödlich schwer
konnte ich einen sanften Anfang sehen
ich habe in die tiefe Welt geblickt
und schließlich ihre Struktur durchschaut

ewig wollt ich vorwärts treiben
und verging in blindem Stolz
und plötzlich sah ich ein Licht und
der Ursprung bot sich mir da

Aufbruch

Dem dunkelsten aller Schatten ward ich entstiegen
und hatte den schwersten meiner Kämpfe gefochten
voller klaffender Wunden erblickte ich das Licht
und ich lächelte, zerschnitten von Angst und
Verzweiflung

Eine tiefe Entscheidung ward hier gefordert
und nur ich allein hatte sie zu treffen,
im Regen aus Fragen und Tränen dachte ich,
ich dachte so lange um keine Antwort zu finden.

Wie ein Fisch an Land krümmte mich das Leben,
gelähmt von Schmerzen lag ich im Saft
aus stinkender Verzweiflung und heißem
glühenden Zorn gegen mich selbst.

Es war eine Guillotine, drohend,
über meinem erdachten Bild
und ein Henker des Lebens
lächelte mit der Hand am Abzug.

Sollte sie niedersausen, mit scharfem Eifer,
so würde sie mich aufbrechen, und ich,
zuckte ein letztes Mal in eitler Not
verlierend eine schamerfüllte Träne.

Ein Kampf wie ein Mythos lag vor mir,
schwingend die Klinge der mutigen Verzweiflung,
hoffend auf den Siegerstreich meines Glücks,
mir gelang das große Husarenstück.

Empor ragt versunkene Klinge aus dem Schlunde,
des Monsters meines alten Sturmlebens
und ich gehe hin zu Brot und Wein und,
umarme mein schreiendes Kind.

Ohne Mitte

Im tanzenden Feuerkreise hetzend
wirst du laut peitschend getrieben,
seine Flammen züngeln dich verletzend
und langsam wirst du aufgerieben.

Wie eine Ratte im Käseland
irrst du durch endlose leere Gänge,
hast nicht mal seinen Geschmack gekannt
in des lauten Käses Gedränge.

Bist ein Schluck Wasser im Meer
und ahnst nicht, was um dich ist,
dabei vermisst du das Salz so sehr,
obwohl ein Teil du davon bist.

Bist der lauteste aller Schreie
im lautesten krachenden Krieg
und trotzdem stehst du nur in einer Reihe
und ein anderer trägt den Sieg.

Bist ein wogender Grashalm im Wind
doch hat dich Whitman nicht erkannt,
denkst du bist eines Fremden Kind
und Walt hat dich aus der Welt verbannt.

Bist du eine Note auf fremdem Blatt?
Und nicht Teil des Traumes Debussy,
selbst sein Ohr hatte dich so satt
und ohne dich tanzt Reverie.

In allen Schlachten gegen Wind gefochten
und nimmer eine Klinge rot versenkt,
deinem Weibe nur das Haar geflochten
und deinen Arsch in Honig tief getränkt.

Hör auf am Rande laut zu stehen!
Und auf trockene Trauben zu warten!
Lerne, still in der Mitte zu gehen!
Und pflücke Nerudas Brot im Garten.

Das letzte Kleinod einer sterbenden Welt,
dort liegt es, inmitten rasender Unachtsamkeit.
Und der Blinde, verseucht von Hörigkeit, stellt
das blutige Eisen für die Tat bereit.

Von brennender Gleichgültigkeit erhitzt,
durchschneidet es den zarten Kern,
wie ein heißes Messer Butter ritzt,
und das pochende Potenzial rückt fern.

In jedes Menschen Leben da wohnt
eine reine Saat, die ohne Ketten keimt,
und so über allem bösen thront,
doch heute, in Ketten liegend sie weint.

Wir bauten in unendlich vielen Tagen
schier unendlich viele Schranken,
die Machtgierigen wollten es wagen
und seit dem ist unsere Welt im wanken.

Des Menschen Kern war einst bestimmt
in seiner ganzen Spanne gütig zu entwickeln,

doch hat man ihn zum Wurm getrimmt,
übersät mit pestverhauchten Pickeln.

So ist der Kern nun tief vergraben,
unter einer Schicht von Schmutz und Schande
und verdorbene Aasgeier sich an uns laben.
Unser alter, schöner Kern, zu weit am Rande.

Weingeist

Voll Gram im Kreis es farblos, kraftlos tanzt,
mein kleines Herz und fordert stets Verzückung.
Ich such nach allem was mir Freude pflanzt
und eilig fort jagt meine schwerst Erdrückung.

So sag mir Welt, wohin ich solle gehen,
zu finden Frühlings süßestes Arom.
Kaskaden voll der Lust die in mir wehen.

Ein Geist kam fruchtig dann zur Seite mir
und zeigte mir das freudigste Atom,
der Saft der Traube war nun wahrlich hier.

Genoss den Nektar gütlichen Vergessens
und Brombeer-Friede kehrte in mich ein.
Der kleine Diener unsres Freuden fressens.
Der kleine Geist vom roten Traubenwein.

Die Gemeinschaft

In Feuerstahl geschmiedet Ketten
sie liegen um den Hals und drücken
kannst deine Kehle nicht mehr retten
Gemeinschafts letzte Rose Pflücken

des Wirkens Grenzen sind erreicht
ist längst verraucht der letzt Erfolg
zu lange schon in Rost geeicht
sind Spezies, noch kein eines Volk

Erst über Blut und Tränen wandeln?
Die Därme auf der Straße liegen?
Mit Dummheit, Antlitz uns verschandeln?
Zum letzten Unterschied bekriegen?

Die Zeit, sag ich, sie ist gekommen
dass neue Pfade wir beschreiten
Die Reis zum Ursprung hat begonnen
Und unsrem Kern den Weg bereiten

Eines neuen Tages

Des neuen Tages Silberklang
so klein entsteigt dem alten Zwielicht
und spürst ihn, jenen goldnen Drang
der tosend Sturmes aus dir bricht

Geh unbeirrt voran von Angst
dass neuer Tag kein guter wird
gewinnst, wenn weder fürchtest, bangst
so gib dir selber, eigner Wirt

Die Aufgaben des neuen Tages
sie kommen vor dich auf der Zeit
als Mensch so weit gereift, so trag es
du hast gelernt, bist nun bereit

Ein Lichtstrahl Hoffnung, er wird fallen
durch Mühen auf das wacker Herz
dein Ruf wird durch die Zeiten hallen
Und alle Furcht war nur ein Schmerz

Sommerfeuer

Des Himmels Feuer nun seit wechselnden Gestirnen
es lodert wolkenlos und ohne Gnad am Himmel
Das Rot auf deiner Haut und schrumpelnd junge Birne
stehn schwitzend dort im glühend Fensterbrett voll
Schimmel

So flehe schmelzend um der böse blanken Bläue
so wattig sanfte Wächter deren kühle Salbung
Ach deren Antlitz sich so lang schon vor mir scheue
sie bergen brodelnd heißer Hitze heitre Halbung

Ich steh am stillen Rande einer süßen Aue
und wähnend böses Element am Horizont
Dass Finsternis das Licht mir einen Tag nur klaue
dass reinigender Sturm mich nässend überkommt

Und so entschwindet alles Licht in heißem Fenster
und Wind droht sich durch alle zitternd Kronen
Auf schwarzen Wolken drohen grollende Gespenster
sie feuern Blitze wie des Krieges blankes Hohnen

Er wütet schreiend tief durch alle süßen Gassen
der tollwütige Speichel schlägt gegen die Scheiben
Man könnt sein Toben sicherlich auch heute hassen
beendet aber er doch brodelnd Hitze treiben

Abstellgleis

Schweigsam trieben uns letzte Stufen hinaus
als plötzlich ein graues Licht blendete
und die Finsternis des Untergrunds im Herbst endete
und zitternde Menschen zeugten von kaltem Graus

Deine Hand ruhte fest in der meinen
eisiger Wind wollte sie stürmend trennen
als würde jener Moment unsere Ängste kennen
und die Gestirne begannen zu weinen

Fröstelnde Mienen stierten in unser Herz
ihr leerer Blick ließ auf nichts hoffen
zwei Liebende auf einer Bank sich zoffen
jener Tag und Orte kannte lediglich Schmerz

Der bunte Herbst blieb hier eisern fern
und all unsere Träume klanglos erstickten
sich gnadenlos in Stahl und Beton verstrickten
nur dich haben meine Augen hier gern

Und gerade du versuchst zu entschwinden
für lange Tage durch Verpflichtung geraubt
in den vergangenen Tagen alle Träume entstaubt
um uns in weichen Federn zu winden

Süß im Mondenschein durchwandelt
das Zentrum unserer kleinen Welt
als einzige uns keine Hindernisse stellt
hadernd mit dem Schicksal verhandelt

Doch letztlich kam dieser eine Tag
der eiserne Wanderer nahm dich fort
unsere Zuneigung in Erinnerung entsorgt
im letzten Aufruf nach deiner Liebe frag

Du fährst und gabst mir deinen Segen
mit winziger Hoffnung steh ich im grauen Herbst
mit deiner Abwesenheit unser Bette gerbst
stehe hier auf dem Abstellgleis in meinem Regen

Friedhof der Erinnerungen

Es ist ein grauer Himmel der schwebt
auf einem Sturm übers Land in seinem Herbst
Im Wind, ein Wanderer zu altem Steine geht
Starrend auf den Stein: „Ist das, was du erbst!"

Gewissheit des Vergangenen ihn schmerzend ereilt
und er sieht, wie jeder neue Tag ein alter wird
Zwielicht des sterbenden Tages im Herzen verweilt
und diese Trauer ihn tief grabend verwirrt

Klänge trüber Melancholie zeigen die Zeit
und alle Farbe ist völlig entschwunden
Vor solch Begräbnis längst nicht gefeit
unbegreiflich, wie Erinnerung kann so verwunden

Wehmut über vergangene Bilder
wird im Kerzenlicht milder

Ein letzter Wind ihn vom Steine vertreibt
sein Heimweg von Laternen spärlich beleuchtet
Der Wind in seinen Fängen das Laub verreibt
aus sterbenden Kronen jagt, von Regen befeuchtet

Doch Wind und Licht und Laub ein Bild
für meine Erinnerungen gezeichnet, das ewige Grau
Das schwer mit Wehmut drückte, gestillt
wie Wärme und Fleisch gütiger Frau

So, Tags darauf wieder am Steine stand
nicht alle Wehmut mit Übel besehen

Sah plötzlich hinaus über Grabes Rand
und konnte sich ein Lächeln gestehen

Jene Steine einer alten Zeit
halten dich für die Zukunft bereit

Doch sind manche schon gebrochen

????

Zeig mir einfach was du wirklich kannst
Nicht weiter alte Spiegel in dich bannst
Komm folg dir einfach selber weiter
Und Trink das Leben endlich heiter

Schritt 4
Die Kernmagie

Götterfunken

Entsprungen dem Fleische, wie jeder andere,
zwischen Kelch und Speer gleichermaßen wandere.

Entsprungen aus der Lust der ewigen Zeit,
bist so neu, doch dein Inneres reiste weit.

Bist du nun Fleisch und Knochen und Leer,
Fassungsvermögen deiner Begierden, wie ein Meer.

Getrost, sei dir aber stets gewiss,
bist von Anfang an nicht allein,
der Funke in dir, wird bei dir sein.
Also dich selbst nur an dir miss.

Was in dir schlummert, der einzige Grad.
Sei dir dein bester, erster Rat.

Vertraue auf deinen inneren Schein.
Vertraue der Rechtmäßigkeit des Sein.

Nimm an was der Funke bereit ist zu geben.
Nimm an den Sinnschlüssel in deinem Leben.

Der Götterfunke ist dein innerer Kern,
wo du nur nah kommst, gelangt er weit fort,
deines Potenzials strahlend lichter Hort.

Ist deines Nordens weisender Stern.

Umarme ihn und seine sanfte Wärme
und verliere ihn nicht aus den Augen,
sendet summend der Liebe Schwärme
und niemand Fremdes kann ihn rauben.

Göttlicher Leuchtstrahl deiner jungen Seele,
wäre die Welt doch so finster, wenn er fehle.

*Wir müssen Trauer im Herzen tragen, sonst
wissen wir nicht, wie wahre Freude sich anfühlt*

Bogenweise

Ein alter Mann vor seinem Hause saß,
sein Geschick man in seinen Fingern las.
Seine jungen Jahre schon jeder vergaß.
Doch vor Jahren sich niemand mit ihm maß,
ein jeder andere meist ohne Beute saß.
Alle Jäger bauten ihre Bögen allein
und des Alten von der Machart sehr fein.
Der Tag kam, da ward er zu alt zum Jagen,
er wollte nicht, dass man ihn muss tragen.
So brauchte er neues Brot für sein Leben.
Ein junger Jäger konnte es ihm geben.
Er war sehr geschickt im Pfeile schießen,
dies Geschick konnte sich nicht im Bogenbau ergießen.

Er bat den Alten um eine feine Waffe,
dass er Jagdkunst in Materie neu erschaffe.
Der Alte war tatsächlich hoch darüber erfreut,
keine einzige Arbeitsminute letztlich gereut.
Freude und Erfüllung lagen darin,
seine Leidenschaft, Potenzial und Sinn.
Er konnte sich so wieder selber tragen,
kein anderer musste sich mit ihm plagen.
Denn viele wollten von ihm einen Bogen
und keiner wurde um seinen betrogen.
Zu arbeiten für die Gunst der vielen,
so könnte jeder Erfüllung erzielen.
Das Dorf des Alten nahm es an,
und jeder Tat so gut er denn kann.
Sich zu perfektionieren wurde zum Ziel
und jeder erreichte für die anderen viel.
Nichts davon musste einen Tauschwert haben,
niemand war gezwungen über sich zu klagen.
Zufriedenheit konnte dort geboren werden,
wäre Weise, diesen Frieden zu erben.

*Der wahre Blick auf die Welt ist zu schmerzlich,
als dass er ertragen werden könnte*

*Der Tag scheint gar wundervoll, wenn du weißt,
alles ist an rechtem Platz.
Genieße es!*

Vergorenes Nirwana

Tritt ein ins wonnevoll Delirium
vergehe dich am unbekannten Land
Ob Hopfen oder Trauben oder Rum
die Karten zu des Geistes fernem Rand

Dies Land ist vorderst voller simpel Frieden
denn dort versinkt die ganz reale Welt
Doch leider wirst dort im Moraste liegen
denn jener Ort gewiss dir Fallen stellt

Ist völlig unbekannt, doch viele da
nur keiner weiß, welch Freuden er genoss
Den völlig leeren Gleichmut man dort sah
während man stetig seinen Geist begoss

Doch läuft man eher parallel vorbei
im Taumelflug durch unsre grade Welt
Die Birne voll Ideen aus süßem Brei
und jeder neu Gedanke weichen stellt

Das Chaos und der Wahn regier'n im Rausch
zu deinem Glück, in dieser Welt egal
Und mit Kaninchen hältst du Kaffeeplausch
in jener Welt voll süßer bitt'rer Qual

Die Reise

xx.xx.xxxx
M.T.

Mit erstem Licht ein langer Weg beginnt,
ziehn ohne Ziel hinaus aufs weite Meer.
Voll Irrfahrt forscht sich lüstern dein Begehr,
die Zeit sie nur in Körnern dort verrinnt.

Noch ziehn die Tage fort wie flüchtge Schatten,
die Jugend noch erkennt nicht ihr Gewicht
und niemand stellt dich dafür vor Gericht.
Als ob die Richter es erkannt schon hatten.

Du wirst durch endlos Fette achtlos waten.
Sei sorglos dann, du kannst sie nicht umgehen.
Willst irgendwann auf festem Boden stehen,
von Pfütze hin zu Pfütze fröhlich raten.

Erinnerst dich, du an dein erstes Licht?
Verlier es lieber nicht aus deinen Augen,
es würde sehr viel Zeit dir letztlich rauben,
so halt es, warte bis es aus dir bricht.

Und warten? Na auf deinen ersten Tag!
Wozu dein Licht bestimmt hier letztlich ist?
Wozu du in die Welt getreten bist?
So gleicht es aus dein eigen schiefe Waag.

Mit Licht und Wissen schließlich geht dein Schritt,
errungen hast die Sicherheit der Welt,
kein Zweifel sich in deinen Weg dir stellt,
hast dich gefunden, und auch deinen Tritt.

Das Morgen

Heut war einfach nicht dein schönster Tag!?
Kurz nur warten ists auch schon im Sarg.

So ergehts uns Menschen nun einmal.
Wissen ist gelegentlich auch Qual.

Diesen Schlusse finde jedoch nicht nicht…
Dass das Heute auch das Morgen bricht!

Lass die Nacht dir Weisheit angedeihen,
alte Tage in den Müll sich reihen.

Träumend ist der Kernpfad äußerst kurz,
Silberzungen säuseln Süßholzwurz.

Morgens ist die große Not genommen,
Einsicht neue Stufe dir erklommen.

Tag gleicht nicht im Kern dem letzten,
aktuell zu sein ist stets am besten.

Aber Hoffnung auf ein besser Morgen,
ist dein Kern in Sanftheit dir geborgen.

Der kalte Morgen

Gestern schon der Tag so kalt,
wundert nicht das Jahr so alt.

Über Nacht nahm Stärke zu,
Grade in den Keller nu.

Morgens sprang aus meinem Bett,
bibbernd Kälte gar nicht nett

Blick zum schleiernd Fenster raus,
offenbart sich frostig Graus.

Weißer Frost und dicker Nebel,
Dächer, Straßen strenger Knebel.

Schimmernd Zwielichts ging ich aus,
Weg führt weit von Haus zu Haus.

Jung der Tag, so unbelebt,
Herz um Ruhe bald bestrebt.

Kälte wusste zu verhindern,
Herzschlag konnte sich nicht mindern.

Lichter aber mochten zügeln.
Selige Beleuchtung Frieden.

Winterzauber in den Kern,
nackte Kälte rückte fern.

Der Siechgänger

Trauernde? umring das Krankenbett
und der Tod
langsam schleicht er ein
keine Träne fällt

da ein Vater
schaut auf seinen Vater
Weltmännisch Gepflogenheiten
spielen um
Herz aus Staub
Gier tropft schreiend aus den Poren
quetschte seinen Vater bis zum Schluss

Frau dort wartet
kalt ist ihr Gesicht, berechnend ihr Gebaren
Dirne der Modernen, wartend mit der feuchten Hosen
Freierscheck zu mir!
tanzt im Innern, wartet so begierig
auf den letzten Ton der
Siechmaschine

Enkelkinder sehn den sterbend Alten
Junge, teilnahmslos wie Stein
Mädchen unschuldig, so sehr, dass sie die Welt gar nicht
begreift
die Moderne
so elektrisierend hängt sie ihnen an
saugt an ihrem taub Verstand

Geier warten gierig auf ein letztes Mahl

auszubeuten, was nun sterben
soll
Dort im Bett liegt alles was wir sind.
Diese Welt
sterbend durch sie alle
sie sind die, die warten
gierig auf den letzten Thron
Hoffend doch noch etwas zu ergattern
niemand trauert, niemand nimmt nur teil

Zur Erlösung? Tod? Faustianische Tragödie, endend sanft
im Rosenregen
Engelsflügel tragen fort?
Rosenblätter von den Anwesenden schon gefressen
Erlösung steht mit Peters Ring
hinter dem gehörnten Mann
auf den Hufen steht er
dort in seiner Deckung zählt die pachtende Erlösung
munter
sich die Scheine

Einer nur
ohne ein Gesicht, und ohne Stimme
dort im Schatten jener Geier
sitzt er, seine Tränen sieht man nicht
doch die Geier dann auch gehen
steht er dann im Licht
eine Träne für die Welt
Mitgefühl wird offenbart
wenigstens der eine schenkt ihr einen letzten doch noch
schönen
Abgedanken

leider zählt er nicht
leider hofft er nicht
nur die Geier senden mit Moderne
lügen weit hinaus
diese zählen
und die Geier zählen Scheine

Hab ich Weisheit gefunden?

Wenn ich nur wüsste
Licht zu Schatten gewendet
und wieder gewendet
Im Fleisch deiner rosa Lenden gewühlt
Saft des Lebens empfangen
und Saft gegeben
Augen höhlten mich aus
wie Flüsse den Fels
war stets ein Suchender
um zu finden
einen Ort
um zu gehen
fort?
Zum Sternenfeuer?
Zum lebenden Grün eines Baumes?
Den letzten Schlamm zu finden?
Verhüllte mit seinem Schmutz
meinen Kern
Versiegend das Licht
das heilende Tränen spendet

Ich wollte alles ändern
der Schmerz unserer Welt ward
zu viel
konnte nicht einmal in mir
Änderung herbeiführen
Ich träumte vom Silberglanz
einer neu geborenen Welt
Ihre Schmerzen pressten mit stechender
Faust ihr Leid in mein Herz

Zitternd las ich Sandkörner auf
aus Angst wollte ich ihr
Geheimnis erfahren
meine Waage begleichen
doch gab es nichts
nichts
alles Wissen darin war schon frei
geweint mein Herz, geweint,
gestorben

Klarheit wie Winterkälte
kalter Wind auf Heimathügeln
und Odem
Purpurfeuer in einer Atemexplosion
Schmelzender Kuss wie fließend
Gestein
Wenn das gestorbene Leben zeigt
Freudentränen
ein salzger Bach deiner
Sternenaugen
wer ich bin
wer ich war
sterbend um neu zu erstehen
Den süßen Nektar eines Zepters
Neues Leben erlernen
eine neue Welt beginnen

Ich will

In Kunst zu leben
in Licht
mit Geist erschaffen
versunkne Welten dir entstehn
ihr Zauberbann
entfesselt mir mein Herz
wo Leidenschaft entspringend
in jener Lenden Kunst
so fühlte ich die Wärme
von einer Nacht
dein Fleisch und Samen
sie ließen Rosen wachsen
und nährten bunt mein Haus

will es so sehr
und immer mehr

Weltkonzert

Auf unsre Welt die Menschen kommen hier und gehen
und diese Welt wird sich doch immer weiter drehen

Und reißt entzwei und fügt auch uns wieder zusammen
ein Meer von Tränen salzig leise dir entrannen

Wir zweifeln ewig laut mit Tönen klagvoll jammernd
am faulen Fleische nagend, sehnend heute klammernd

Und die Posaune spielt ihr laut den Mut entgegen
in Blechblasklängen wirkt sie plötzlich so verwegen

Und dreht sie sich voll Zorn und forschend nach der
Liebe
die teilet aus voll Hohn und Spott die bösen Hiebe

Und leise pfeifend laut und voll von finstrem Schmerze
die Symphonie erklingend dann des stinkend Herze

Die wimmernd Angst ist Laubes kaltes Winselzittern
von Triangeln die stetig Schwäche bei uns wittern

Der Schlusspunkt aber, sein Gesang bringt Zuversicht,
gewiss dir sei, die Treue sie dir nimmer bricht

Und ihre Lippen küssen dich mit ihrer Kraft
die helles Lichte, machtvoll wuchernd in dir schafft

Magie des Waldes im Silberbann

In sanfter Dunkelheit ein Silberfeuer brennt
so wohlig warm es nur der Sommerabend kennt

ein Quell von Wasser in der Wacht des Mondes liegt
ein Netz von Ästen rundherum sich darum biegt

vermeintlich still es liegt in einem Zauberbann
Erregung sonst nur goldner Regen bringen kann

doch heute Nacht ein andrer Zauber trieb sich dort
in mystisch Wallung bringend diesen friedlich Hort

ein winzig Samen tausend schönster Farben fiel
ins Silberwasser tief und stieg empor ein Stiel

der Quelle Wasser dann begann ganz hell zu leuchten
nur ein Moment die Wasser edlen Samen feuchten

Ein Tanz begann von Wasser Wald und Zauberkraft
und Astgeheul entstieg dem leuchtend Wassersaft

in winden, kreisen zogen hoch die moosen Äste
und nicht zu finden weder Überfluss noch Reste

Die Funken sprühn aus jedem neu geboren Blatt
das Grün der Ufer, Blätter, Gräser war so satt

und knorrig braun empor der stützend starke Stamm
ja dort war weder Tod, noch Angst, noch Klamm

Es liegt so sanft wie einstmals zarter Mutterschoß
ein Rosenblatt auf See, ein stolzes festes Floß

und überm Wasser Schemen lüstern fröhlich Tanzen
Lavendelblüten schwingend, wie mit Purpur Lanzen

Die Quell, der Wald, sie spielen lustvoll mir ihr Lied
ein wilder Feiertanz, so ohne Reih und Glied

Doch dann das Fest so plötzlich stirbt im Feuerbann
die Pracht so schön, dass ich mich kaum erinnern kann

Sonett der Kontrolle

Vom ersten Tag wir stetig etwas lernen,
wodurch wir lernen neues zu beherrschen
und anwenden in grauen Todesmärschen.
Der Irrglaube daran nicht zu entfernen.

Es krampft und reißt dich langsam schleichend nieder.
So gierend nach der Freiheit deines Willens,
nur übrig bleibt der Wunsch des Herzen stillens,
bevor du endest blass und auch so bieder.

Kontrolle ist der Schwachen dumpfe Illusion
und ihre Ketten fördern Explosion.
Sie quetscht dich immer bis zu deinem Tode.

Die Macht der ungestüm Natur zu zügeln,
dir auszureißen deines Lebens Flügeln,
sie feige sucht mit gnadenlos Methode.

Doch wenn du ahnst die blanke Illusion,
was eigentlich dann kann sie schaden schon.

Mühlensonett

Das pochend Herz in blühend Heidelust,
es ruht und schlägt dort zwischen Spargel, Salz
auf altem Ziegenpfad; die Stadt wie Malz,
sie gibt die röstend Note in die Brust.

In Ewigkeit, wie altes Mühlenrad,
ist ihr Bestand in Zukunft lang gedreht.
Aus ihrer Erde alt und neu besteht.
Für Heimatherz dein ewig hell Gestad.

Und gehn wir fort werd ich es nie vergessen,
dass du den Teil von uns hast dir besessen,
so wie das Rathausholz des Ochsen Blut.

In Gablung zweier Flüsse strömend Zange,
es fließt das Leben über Augusts Wange.
Und deine Heimat gibt im dunkeln Mut.

Das Heim ist dir dein ewig sicher Hafen.
In Gifhorns Armen wirst du leise schlafen.

Ende einer Qual

Und Liebe soll erstrahlen, endend meine Qualen,
im Abendschimmer still. Ich liege ohne Will,
die Düsternis gegangen. Und Rosen auf den Wangen,
ja, fort sind meine Qualen. Dafür muss ich bezahlen.

Denn dann es kommt die Zeit, die langsam, still entzweit.
Das Licht so stet verglimmt, dir mahlend Freude nimmt.
Sie ist von keiner Dauer, die Liebe wird bald grauer,
der Schatten kehrt zurück. Er stiehlt dich Stück für Stück.

Was nützt es dann zu leiden? Lieber einer bleiben.
Nicht lieber still zu leben? Mir selber Zunder geben.
Den Rest der Welt vergessen? Von mir allein besessen.

Doch will ich nicht den Tod, ein Leben ohne Brot.
So wär es ohne Liebe, nur voller leerer Triebe.
Es käm dem Tod zu gleich, ein stummes Totenreich.

Will lieber dann doch leiden. Und Mensch mit Liebe
bleiben.

Kraft einer bunten Nation

Es ficht auf deutschem Rücken
die Welt, den Kampf mit Tücken
und Deutschland leise stöhnt

Und doch, wir bleiben stehn
wir nimmer bitten, flehn
und wenn die Welt auch höhnt

Wir halten fest den Frieden
entgegen allen Trieben
im Glauben an das Leben

Die Welt besteht aus viel
das Graue nicht ihr Ziel
die Dichter, Denker streben

Der Schandfleck alter Zeit
hält uns für viel bereit
So schwer er uns auch wiegt

So voller Eifer halten
lasst uns den schweren Balken
Gerüst sich nicht verbiegt

Aus unsrer alten Tugend
uns schöpfen Lebens Jugend
auch für die ganze Welt

Für alle Menschen stark
nicht nur den einen Sarg

der sich in Wege stellt

Mein Deutschland ist ein Ort
des bunten Lebens Hort
der Welt gesamt Zuhaus

Voll Kraft den Menschen dienen
und stets auf doppelt Schienen
beendend allen Graus

Widertänzer

Zauberblatt und Wunderbaum,
Mensch lebt seinen Leichtsinnstraum.

Fort ist alle Sinnigkeit,
Frohsinn eine Minderheit.

Gehen tanzend durch die Welt,
Gleichmut wer daneben fällt.

Real erscheint gar wunderlich,
vorderst dreht der Tag um mich.

Weiß denn jemand seinen Weg?
Steine sich ein jeder leg,

selbst in seiner Füße tritt.
Wird der Lauf ein schwerer Ritt.

Kenne an, der Wahrheit Gang.
Offenbart der Freuden Drang.

A G

Im wilden Wüten lustvoll blanken Sturms
er schlägt mir gegen Mauern fleischgen Turms,
mit silbern Zunge mir den Samen aus.
Er bläst die Scham mir aus dem Mark hinaus.

Es lehrt sein Treiben mich die ehrlich Lust,
entreißt verboten Stachel meiner Brust.
Der warme Seemann zeigt mir seine Welt,
in sein anales Glied er sanft mich stellt.

Er reißt mich ungebremst durch alle Straßen.
Die Poesie von Sex in allen Maßen,
sie treibt sich rot erglühend dort herum
und alles dort so herzerfrischend Dumm.

Ja alles dort schreit wahnvoll nach Protest,
aus braunen Fenstern spucken sie die Pest.
Die Straße klebt von ihrer plumpen Angst,
ja sie voll Angst, doch du so schlotternd bangst.

Euch kreuzt ein Trupp von gackernd blinden Hühnern,
die Flügel, links und rechts, aus tauben Fühlern.
Ach links und rechts und gackernd blöde Mitte,
sie tragen die Standarte auf der Titte.

Und Höllenaugen gieren aus dem Schlund
der Seitengasse dreckig stinkend Mund.
Sie wollen mich und meinen Seemann greifen
doch konnten wir die flinke Sohle schleifen.

Dann ziehend in die nächste kleine Gasse,
wir fanden liegend eine weiche Masse.
Und Schwanz verschmilzt mit zarter enger Knospe,
der Seemann dort von meinem Innern koste.

Das Salz der Liebe seiner warmen Lust,
es lief mir über meine pochend Brust.
Sein Anker ab von meiner Knospe ließ,
als er das Salz auf meinen Körper stieß.

Und weiter in die Welt dann zog er mich,
an meinem Jungfernaug belustigt sich.
Den Schmutz und Dreck und pure Freude nie,
ich sah zuvor, und jetzt hinein ich zieh.

Wir gehn auf weichem Wind durch harte Stadt
und allerorts es schmelzen lüstern satt,
die Knospen und die Schwänze ganz im Salz.
Das Straßeneck vergeht in feuchter Balz.

Und dann wir kamen an die schwarze Schänke,
in ihrem Innern voller rosa Bänke,
es liegt ein weiser vollgesogen Boden,
er wegen seiner Sanftheit oft gelogen.

Ja dort im Rausche vieler trüber Augen,
der süße Wein die Zeit uns wollte rauben.
Doch Seemann schnell nach einer Flucht verlangte,
um seine lehrend Reise er nun bangte.

Wir flogen weiter in die neue Welt,
der Seemann mich auf trübe Dächer stellt

und hörten Lieder alter schöner Tage,
von weniger protestvoll brauner Lage.

Der dumme Mensch singt von maschierend Fackel,
der Rest mit gelbem Stern dahinter wackel,
die ganze Welt spürt rechten Pöbeldrang,
der Intellekt in stillem Bückerzwang.

Das Chaos treibt im Dunst der wilden Straßen
als wir im Schatten alter Dirne saßen.
Ihr faules Lustkleid dröhnt als Glocke,
der falsche Büßerblick in Fickerhocke.

Wir zogen treibend ab in dunkle Gärten,
wo zahme Lämmer unsren Blick versperrten,
die eifrig hin zur grüßend Schlachtbank wandeln
und einzig auf Befehl des Narren handeln.

Der Zirkus jener Welt wollt mich erstarren,
bestechen mit dem golden Nazi Barren.
Demokratie war freundlich gebend Hand.
Ja, Unheil schreit das finstre Freundesband.

So ziehn wir lieber auf das Schiff zurück
und ich mich wieder seinem Anker bück.
So kann er sich an Knospe verlustieren
und ich in Fickerhocke jubilieren.

Sonett der ewigen Nacht

Im Tabakglühn des qualmend Todesmund,
es wandelt einsam durch die tiefe Nacht.
Die dunkle Nacht so mild tut Leben kund,
sie zu erkennen fehlt mir doch die Macht.

So folge ich Laternen letzten Lichts
und hoffe meinen Schatten zu erblicken.
Mein Herz jedoch ist kalt, so sieht es nichts.
So muss ich mich in Sterne wohl verstricken.

So find ich Freunde in der dunklen Zeit,
bis um die Ecke kommt die männlich Maid
und finstres Labsal liebend mich umfängt.

Ich geh allein durch diese milde Nacht
und gehe ewig träumend meine Wacht,
bis sich mein Herz in alle Sterne hängt.

Mein Traum lässt mich den schönsten endlich Lieben,
als Nächte mich in meinen Abgrund trieben...

Drachenherz

Ich rannte, rannte ewig weit
und doch es holte mich die Zeit

dass ich mich meinem Leben stelle
der Ängste sogend alte Quelle

Ich taumelte und wankte lang
doch bald ich spürte Lebens Drang

Ein Drachenherz wuchs in der Brust
ich atme aus den schweren Frust

Götterreigen

Der Donnergott, das Wolkenkind
in Blitzen in die Ferne schwind

Und auch das Meer nur dem ergeben
der kennt des Wassers wildes Weben

Der Tod kennt seinen alten Meister
des Schicksals unausweichlich Kleister

Die Liebe, Jagd und alle Zeit
und letztlich auch der blut'ge Streit

Ein jedes kennt die Meisterhand
sie wohnen in dem ewig Land

Die Welt dahinter

Ich chillte wieder die Musik
die „Ghost in the Shell" so schön zur Seite stieg

so oft ich habe sie gehört
und nichts daran hat mich gestört

doch unverhofft bei einem Mal
da war mein Geist so voller Qual

ich wusste nicht wie mir geschieht
warum mein Geist in Ferne flieht

In Ferne hab ich dann verstanden
das Welten gegen Geister branden

Im Klang des altbekannten Liedes
lag neuer Raum des Kettengliedes

ich fühlte feierlich den Drang
das mythische im Träumerzwang

dort hinterm Ton lag eine Welt
die völlig neue Wege stellt

Sonett der Hölle

Im letzten Blick ich hör den Feuersang
der plötzlich mir an meine Ohren drang
es ist die Angst vorm drohend Höllenklang
Die alte Angst vorm letzten tiefen Gang

Das Herz es rennt aus meiner offen Brust
und friert sich einsam in den kalten Frust
dann siehst du, nicht mehr länger fürchten musst
Denn Hölle ist auch heiße wohlig Lust

Ein Mythos wunderlicher Tage schreit
weil keiner ist für seinen Tod bereit
Aus dieser Angst wir schlagen Köpfe breit

Ein Gauckler uns ganz sicher nicht befreit
bis alles sich erstickt aus purem Neid
Im Feuer brennt doch weiter alle Zeit

Dantes Sonett

Der alte Meister konnt es ja nicht ahnen
wer heute weht in Windes hohen Fahnen
sonst hätt ers sicher nicht bei Neun belassen
und hätte fort gescheucht die heuchelnd Massen

Den zehnten Kreis er hätte uns beschrieben
die frommen Bücker dort hineingetrieben
Die „Guten" die doch alles ignorieren
die gegen alle Menschen intrigieren

Und doch man will sie in den Himmel heben
der Mensch in seinem eitel ängstlich Streben
So hat er Gott um seine Welt betrogen

Sein Kern jedoch er wird hinunterfahren
den alten Meister nach dem Wege fragen
Und er sagt nur: „Dein Gott hat dich belogen."

Die toten Augen

Rubine, ja so rot, sie schaun aus meinem Spiegel,
sie sind des heilig Lazarus bekanntes Siegel.
In ihrem Blick, ich wähne mich am letzten Tag.
Zeigt mir der Spiegel eines Schattens schönen Sarg.

Aus diesem Tod ersteht das Leben wieder auf.
Was geht hervor aus diesem endend alten Lauf?
Ich habe etwas unter Kräften gehen lassen,
die schweren Augen zahlen es mit blutend Massen.

Ein alter Feind ist mir aus meinem Aug gegangen,
kurz vor dem neuen Leben, letzten Mord begangen.
Sankt Lazarus hat meinen großen Sieg gesehen,
mit blutend Augen kann ich endlich ihn verstehen.

Im Tode müssen alte Lasten liegen lassen,
das Licht des Auferstehens trotz dem Blute fassen.

???

Der Anker ist nun endlich eingeschlagen
so lichte ihn, du kannst ihn weitertragen

Schritt 5
Wertstabil

Die helfende Hand

Im Schlick versandend gehn wir langsam ein
dereinst wir waren einmal furchtbar rein
dein Ego soll dich ziehn doch hält es dich
du schwankst hinunter auf dem dünnen Strich

Dein Schatten wird dein wahres Ich verkleiden
die volle Welt scheint dich so ganz zu meiden
die eine Liebe scheint so grausam fern
du kennst nicht deines eignen Lichtes Kern

Versuch es doch nicht stets nur ganz allein
denn Hilfe ist ein dienlich sprießend Keim
Allein ist nicht der Weisheit letzter Schluss

Ich habe sie für mich zuletzt genommen
und diese Kenntnis heut für mich gewonnen
Die Hilfe ist der ewig heilend Kuss

Ein Bedürfnis

Du rennst mit jedem Schritt gegen die Wand?
Du kaufst mit allem Gold nicht einen Freund?
Mit jedem Tag dein Leben fort dich zäunt?
Du bist mit jedem Tag an deinem Rand?

Ein andrer weiß nicht wer du wirklich bist
warum sich alles gegen dich nur stellt
du fühlst dich ganz allein in deiner Welt
warum das Loch sich immer weiter frisst

Den Lärm der Welt lass endlich mal versiegen
lass deine Ohren heute in dir liegen
den Rhythmus deines Herzschlags wirst du hören

Du hörst ganz plötzlich was du wirklich brauchst
warum dir selber keine Tränc raubst
wirst bald schon selber dich nicht mehr zerstören

Die Träne

Wer Tränen in den kalten Boden treibt
und sagt, was ihm ins blanke Herz sich schneidet
woran sein kleines Kind ihm wirklich leidet
Für immer in den Augen Schwächling bleibt?

Wer all das sagt, passt hier nicht wirklich rein,
und ist kein heiler Mensch in dieser Welt
weil Weinen uns das rechte Sein verstellt
Zu all dem sage ihnen einfach: NEIN!

Ein trockner Boden kann dir nicht erblühn
zu weinen ist auch alles außer kühn
sei denn, man weiß nicht wer man in sich ist

Die Träne wäscht die Welt nur endlich rein
und zeigt wer du kannst heute wirklich sein
die Träne sich durch alle Zweifel frisst

Bande

Den Ratschlag brauchst du keinem wirklich geben
warum den andern Prügeln für sein Leben?
Du brauchts auch deine Zunge nicht zu mühn
aus tausend Worten muss kein Silber blühn.

Die Bande könnte unter Silber brechen
Das Gold, es könnte Bauern eher stechen
Ein Freund braucht nicht ein blindes Treuewort
den gut gemeinten sanften Mitfühlmord

Dein Ohr darf auch bei andern leise liegen
und hören was die andre Welt so laut bewegt
du hörst wonach dein Freund in Wahrheit strebt

Dann sag was du bei ihnen wahrlich hörst
bevor du wieder blindes Schlagen schwörst
Die Bande hält und ewig schweigend lebt

Dein Wert

Ich hab für lange Zeit etwas vergessen
was einen Weg mit stillem Frieden salbt
Ich wusst nicht, dass ich es jemals besessen
Nur bis dein Leben auf den Anfang prallt

Du bist kein alter grauer Scherbenhaufen
der nicht mehr heilbar auf dem Boden liegt
kannst wie ein ganzes Puzzle heimwärts laufen
du fügst zusammen und dein Streben siegt

Auf dieser Welt, da gibt es wahrlich nichts
es einfach kommt, dein Leben, Knall, zerbrichts
den du, du bist ein ganzer heiler Mensch

Du bist es einfach immer wieder Wert
egal welch Windsturm auch mal wiederkehrt
Denn du, du bist ein wertvoll heiler Mensch

???

Ist nichts nur da um dich ganz zu zerstören
denn jeder Schmerz kann Freude schwören…

Herstellung und Verlag:
BoD - Books on Demand, Norderstedt
ISBN 978-3-8482-2915-4